Die christliche Antwort auf die

Gottesfrage

Oberstufe

Eva-Maria Schlitt

Ernst Klett Verlag
Stuttgart · Leipzig

1. Auflage 1 5 4 3 2 1 | 16 15 14 13 12

Alle Drucke dieser Auflage sind unverändert und können im Unterricht nebeneinander verwendet werden.
Die letzte Zahl bezeichnet das Jahr des Druckes.
Das Werk und seine Teile sind urheberrechtlich geschützt. Jede Nutzung in anderen als den gesetzlich zugelassenen Fällen bedarf der vorherigen schriftlichen Einwilligung des Verlages. Hinweis § 52 a UrhG: Weder das Werk noch seine Teile dürfen ohne eine solche Einwilligung eingescannt und in ein Netzwerk eingestellt werden. Dies gilt auch für Intranets von Schulen und sonstigen Bildungseinrichtungen. Fotomechanische oder andere Wiedergabeverfahren nur mit Genehmigung des Verlages.
Auf verschiedenen Seiten dieses Heftes befinden sich Verweise (Links) auf Internet-Adressen. Haftungshinweis: Trotz sorgfältiger inhaltlicher Kontrolle wird die Haftung für die Inhalte der externen Seiten ausgeschlossen. Für den Inhalt dieser externen Seiten sind ausschließlich die Betreiber verantwortlich. Sollten Sie daher auf kostenpflichtige, illegale oder anstößige Inhalte treffen, so bedauern wir dies ausdrücklich und bitten Sie, uns umgehend per E-Mail davon in Kenntnis zu setzen, damit beim Nachdruck der Verweis gelöscht wird.

© Ernst Klett Verlag GmbH, Stuttgart 2012. Alle Rechte vorbehalten. www.klett.de

Redaktion: Julia Scherer
Herstellung: Antje Heusing

Autorin: Eva-Maria Schlitt, Emsdetten

Gestaltung: Ernst Klett Verlag GmbH
Umschlaggestaltung: Ernst Klett Verlag GmbH
Satz: Markus Schmitz, Büro für typographische Dienstleistungen, Altenberge
Reproduktion: Meyle + Müller, Medien-Management, Pforzheim
Druck: Mediahaus Biering GmbH, München

Printed in Germany
ISBN 978-3-12-006665-1

9 783120 066651

Inhalt

1 Wer oder was ist Gott? – Der Versuch, Gott zu erfassen

Gott – wer oder was ist das? Von wem sprechen Menschen, wenn sie „Gott" sagen? Kann man sich Gott vorstellen? Wenn ja, wie? Gott – wie ist er zu beschreiben, zu definieren? Das erste Kapitel bietet Ihnen die Gelegenheit, verschiedene Gottesvorstellungen zu untersuchen und zu hinterfragen und vielleicht auch Anregungen für Ihre ganz persönliche Gottesvorstellung zu bekommen.

1.1 Individuelle Vorstellungen von Gott

M1 Gesucht: Gott

Heilige Dreifaltigkeit, Fresko (15. Jh.) von Tommaso Masaccio

Gott erschafft Sonne, Mond und die Pflanzen auf der Erde, Fresko (o. J.) von Michelangelo Buonarroti

Die Erschaffung Adams, Fresko (1508–1512) von Michelangelo Buonarroti

Die Schöpfung (1841), Konstantinovich Iwan Aiwassowskij

Gottvater, Ferdinand Fellner

Anregungen zur Weiterarbeit

1. Erarbeiten Sie Ihre Vorstellung von Gott, um für Sie persönlich festzustellen, wer oder was Gott ist und was er für Sie bedeutet. Legen Sie dazu einen Steckbrief an, der zum Beispiel eine Beschreibung des Äußeren, spezielle Kennzeichen, Charakteristika sowie den möglichen Aufenthaltsort Gottes enthält. Als Anregung können Sie die Darstellungen auf dieser Doppelseite nutzen.
2. Präsentieren Sie sich die Ergebnisse (ggf. anonymisiert) innerhalb Ihrer Lerngruppe durch einen Museumsgang. Vergleichen Sie anschließend die verschiedenen Gottesvorstellungen miteinander.
3. Setzen Sie sich im Plenum mit den verschiedenen Gottesvorstellungen auseinander.

1.2 Beschreibungsversuche Gottes

M1 Fridolin Stier: Sprechen von Gott

Theologie sei „Sprechen von Gott". Was heißt „Sprechen von"? Sprechen wir „von" etwas – von der Schallplatte, die wir eben gehört, von der Hochzeit in Nachbars Haus, an der wir teilgenommen haben, von den nächsten Bundestagswahlen, an denen wir teilnehmen werden, wir sprechen von der Liebe, wir sprechen vom Tod –, immer ist dieses Etwas den Sprechenden gegeben – etwas Vorhandenes, Geschehenes, Gesehenes, Erlebtes, ein Wirkliches immer. Aber: Wovon sprechen wir, wenn wir sagen, wir sprechen von Gott?

Anregungen zur Weiterarbeit

1. Fassen Sie kurz zusammen, was Stier damit meint, wenn der Mensch „von" etwas spricht.
2. Erläutern Sie, ob es möglich ist, „von" Gott zu sprechen.
3. Setzen Sie sich mit der Frage „Wovon sprechen wir, wenn wir sagen, wir sprechen von Gott?" auseinander.
4. Überlegen Sie, wann, wie und warum Sie im Alltag von Gott sprechen, z. B. in Redewendungen.
5. Ziehen Sie aus der obigen Frage Konsequenzen für das Verhältnis Gott – Mensch und für eine daraus resultierende Gottesvorstellung.

M2 Heinrich Fries: Das Wort „Gott"

„Gott", bzw. seine Übersetzungen oder Korrelate, ist ein Wort unserer Sprache und begegnet uns in unserem Sprachgebrauch noch überraschend häufig. Diese Redewendungen entstammen einer Zeit, in der das Bewusstsein von Gott als alles bestimmender Wirklichkeit noch sehr lebendig und intensiv war. Vermutlich wäre unsere technische Welt zu solchen Wortschöpfungen weder fähig noch besonders disponiert. Dennoch ist es bemerkenswert, dass diese Worte im Sprachspiel von Menschen vorkommen, die, auf den Sinn dieses Wortgebrauchs befragt, in Verlegenheit kommen würden. Es ist offenbar merkwürdig, dass es nicht gelingt, diese Verbindung unserer Sprache mit Gott ausfallen zu lassen – oder durch ein anderes Wort zu ersetzen.

Ebeling fragt: „Was vermag das Wort Gott? Ist es nicht ohnehin so vieldeutig und so undeutlich, dass es dem nichts mehr sagt, der auf klare Begriffe, auf präzise Definitionen aus ist? Die klassische christliche Gotteslehre hat zwar stets die Nichtdefinierbarkeit Gottes als dem Wesen Gottes entsprechend vertreten. Aber sie hat darin auch stets den Grund dessen gesehen, dass das Wort Gott unendlich zu denken gibt. Die anscheinend fehlende Bedeutungsschärfe teilt dieses Wort mit allen Vokabeln, die nicht Etiketten für Fertigwaren, sondern gleichsam Rufe und Signale sind, die in ihrem Inhalt den Menschen eine innere Bewegung zumuten, der das betreffende Wort die Richtung weist."

[...] Das Wort „Gott" eröffnet und stiftet Wirklichkeit, indem es wirkt, Veränderung, Umkehr, Erneuerung schafft, indem es zur Sprache bringt, was mit der alles bestimmenden Wirklichkeit gemeint ist und was darauf konkret folgt. Diese Wirklichkeit soll nicht nur erkannt, sondern durch Existenz und Praxis anerkannt werden; sie darf nicht, um mit dem Römerbrief zu sprechen, „in Ungerechtigkeit niedergehalten werden" (1,18).

M3 Anselm von Canterbury: Proslogion

Also, Herr, der du die Glaubenseinsicht gibst, verleihe mir, dass ich, soweit du es nützlich weißt, einsehe, dass du bist, wie wir glauben, und das bist, was wir glauben. Und zwar glauben wir, dass du etwas bist, über dem nichts Größeres gedacht werden kann …

Und sicherlich kann „das, über dem Größeres nicht gedacht werden kann", nicht im Verstande allein sein, denn wenn es wenigstens im Verstande allein ist, kann gedacht werden, dass es auch in Wirklichkeit existiere – was größer ist. Wenn also „das, über dem Größeres nicht gedacht werden kann", im Verstande allein ist, so ist eben „das, über dem Größeres nicht gedacht werden kann", über dem Größeres gedacht werden kann. Das aber kann gewiss nicht sein. Es existiert also ohne Zweifel „etwas, über dem Größeres nicht gedacht werden kann", sowohl im Verstande als auch in Wirklichkeit.

M 4 Peter Kliemann: „Woran du dein Herz hängst, das ist dein Gott"

Auch wer nicht ständig über den Sinn des Lebens nachdenkt, unterstellt nichtsdestoweniger immer schon einen bestimmten Sinn. Martin Luther hat dies in seinem Großen Katechismus von 1529 in der Auslegung zum 1. Gebot so formuliert:

„Was heißt ‚einen Gott haben' bzw. was ist ‚Gott'? Antwort: ein ‚Gott' heißt etwas, von dem man alles Gute erhoffen und zu dem man in allen Nöten seine Zuflucht nehmen soll. ‚Einen Gott haben' heißt also nichts anderes, als ihm von Herzen vertrauen und glauben; in diesem Sinn habe ich schon oft gesagt, dass allein das Vertrauen und Glauben des Herzens einem etwas sowohl zu Gott als zu einem Abgott macht. Ist der Glaube und das Vertrauen recht, so ist auch dein Gott der rechte Gott, und umgekehrt, wo das Vertrauen falsch und unrecht ist, das ist auch der rechte Gott nicht. Denn die zwei gehören zusammen, Glaube und Gott. Das nun, sage ich, woran du dein Herz hängst und worauf du dich verlässest, das ist eigentlich dein Gott."

Luther fasst an dieser Stelle die Begriffe „Glauben" und „Gott" sehr weit. Man kann sich kaum einen Menschen vorstellen, der in diesem Sinn nicht an etwas glaubt, der sein Herz nicht an etwas hängt, der nicht irgendwo einen bewussten oder unbewussten Orientierungspunkt hat, für den nicht irgendetwas oder irgendjemand im Leben das Wichtigste ist. Auch ein Atheist glaubt nach Luthers Verwendung des Begriffs also an etwas, auch wenn er es vielleicht gar nicht benennen kann und will.

Wenn das, „woran du dein Herz hängst …, eigentlich dein Gott" ist, dann ist damit allerdings noch nicht ausgemacht, um was für einen Gott es sich handelt, ob er wirklich den Namen Gott verdient oder nur ein Scheingott („Abgott") ist und ob er „in allen Nöten" auch wirklich hält, was man sich von ihm verspricht.

Wir hängen unsere Herzen, meist ohne uns dessen richtig bewusst zu sein, an Geld, Beruf, Karriere, Eigenheim, Hobbys, Ehepartner, Freunde, Kinder, Schönheit, Unterhaltung, Kleidung, soziales Ansehen und anderes, das nützlich und erstrebenswert sein mag, bei dem sich in schwierigen Lebenssituationen aber sehr schnell zeigt, dass wir falschen Gottheiten und Abgöttern gedient haben, die keineswegs „in allen Nöten" eine „Zuflucht" bieten […].

Lucas Cranach d. Ä.: Martin Luther

Anregungen zur Weiterarbeit

1. Fassen Sie die Beschreibungen Gottes von Heinrich Fries M 2 und Anselm von Canterbury M 3 zusammen.
2. Untersuchen Sie, inwiefern Fries und Anselm die Frage „Wovon sprechen wir, wenn wir sagen, wir sprechen von Gott?" beantworten.
3. Nehmen Sie zu diesen Beschreibungsversuchen Gottes begründet Stellung.
4. Arbeiten Sie Luthers Antwort auf die Frage „Wer ist Gott?" (M 4) heraus.
5. Erläutern Sie, warum diese Gedanken Luthers laut Kliemann M 4 noch nicht ausreichen, um Gott differenziert zu definieren.
6. Entwerfen Sie auf dieser Grundlage eine weiterführende Definition Gottes.
7. Entwerfen Sie Perspektiven für die (christliche) Vorstellung von Gott.

M 5 Die Ärzte: Waldspaziergang mit Folgen

Ich ging spazieren im Wald, ich musste einfach hinaus
da sah ich ein Stück Holz, das sah heilig aus
also steckte ich es ein, nahm es mit nach Haus
und da schnitzte ich mir einen Gott daraus

Dann hab ich meinen Gott ins Regal gestellt
da hat er einen schönen Ausblick über die Welt
und solang er nichts verspricht, was er später nicht hält
muss ich sagen, dass mir Gott ziemlich gut gefällt
wenn auch andere behaupten, das wäre nicht normal
ich habe einen Gott bei mir im Regal

Und schon bald darauf begannen ein paar Wunder zu geschehen:
ich wurde unglaublich reich und noch unglaublicher schön
ich brachte Lahme zum Rennen und die Blinden zum Sehen
und natürlich konnte ich auch über Wasser gehen

Ich hab mir einen Gott ins Regal gestellt
und ich hoffe, dass er dort nicht hinunterfällt
und solang er nichts verspricht
was er später nicht hält
ist er doch eine Bereicherung für diese Welt
auch wenn andere behaupten, ich wäre nicht normal
ich habe einen Gott (einen Gott, einen Gott) bei mir im Regal

Jetzt hatte ich alles: Ruhm, Reichtum und Macht
doch man weiß, wie sowas ausgeht, hab ich mir gedacht
und so hab ich ihn genommen, irgendwann in der Nacht
und hab ihn wieder zurück in den Wald gebracht

Ich hab mir einen Gott ins Regal gestellt
ich hätte vorher nie gedacht, dass er mir so gut gefällt
und solange er da stand, war er wirklich mein Held
ich hielt ihn für den besten Gott der Welt
andere Leute haben Bücher, das wär mir zu banal
ich hatte einen Gott (ja, ja einen Gott) bei mir im Regal

Waldspaziergang mit Folgen
T: Urlaub, Farin
© PMS Musikverlag GmbH, Berlin

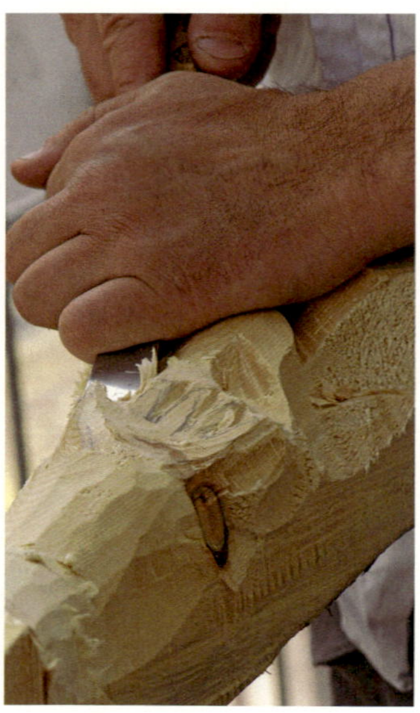

Anregungen zur Weiterarbeit

1. Erarbeiten Sie den Gedankengang des Liedtextes M 5.
2. Fassen Sie die Kernaussagen thesenartig zusammen.
3. Erläutern Sie, welche Vor- und Nachteile der „Gott im Regal" (für den Sänger) hat.
4. Konkretisieren Sie Ihre Ideen anhand von Beispielen.
5. Untersuchen Sie das hier entworfene Gottesbild.
6. Beurteilen Sie, ob dieser „Gott im Regal" eine angemessene Gottesdarstellung ist.

M 6 Weibliche Metaphern für Gott

Die Bibel ermutigt dazu – den machtvollen Götzen zum Trotz – sich auf die Spur zu machen zum Geheimnis des Lebens. Mit Hilfe von Metaphern gibt sie Gott Namen, an denen sich Menschen auch heute noch orientieren können. Ihre Erzählungen zeigen exemplarisch, wie Menschen auf der Suche nach dem Geheimnis ihres Lebens neue Namen Gottes entdecken, Metaphern, die ihre eigene Lebenssituation und die Situation ihres Volkes erschließen. Es geht darum, entsprechend den Herausforderungen der Gegenwart die alten Namen Gottes neu zu begreifen sowie neue Namen zu finden, die den Götzen der eigenen Zeit widerstehen. Wenn eine Metapher längere Zeit gebraucht wird, dann verschwindet das Bewusstsein davon, dass es sich um eine Metapher, eine Übertragung auf der Ebene der Zeichen handelt. Sowohl das Merkwürdige als auch das Offenbarende des Sprachbildes gehen verloren. Die Metapher wird verdinglicht und verliert damit ihre ursprüngliche Kraft, das Unsagbare sprechen zu lassen. Die tote Metapher bringt das Wort Gottes zum Schweigen, sie greift nicht mehr und lässt verstummen. Wo immer jedoch das Leben von Menschen bricht und sie mit dem Unsagbaren in Berührung kommen, braucht es neue, lebendige Metaphern.
Die Tradition der Kirche kennt eine Vielzahl von Metaphern für Gott, darunter auch weibliche. Sie sind keineswegs eine Erfindung des 20. Jahrhunderts. Im AT sind es z. B. Gott als Gebärende, als stillende Mutter und Geburtshelferin (Jes 42,14; Ps 22,10–12; Hos 11,1–4). Im NT ist Gott die Frau, die die verlorene Drachme sucht (Lk 15,8–10). In der Kirchengeschichte sprechen vor allem Mystikerinnen in weiblichen Metaphern von und mit Gott: Hildegard von Bingen bringt Gott als Frau Weisheit zur Sprache, die Mystikerinnen Gertrud von Helfta, Mechthild von Hackeborn und Juliane von Norwich als Mutter. Im Kloster Helfta wurde Gott als Vater und Mutter angerufen. Trotz dieser wichtigen Traditionen ist es zutreffend, von einer Verdrängung weiblicher Gottesbilder zu sprechen. Der androzentrische Blick, die androzentrische Sprache und Geschichtsschreibung rücken die Erfahrung von Männern in den Mittelpunkt und lassen die Erfahrungen von Frauen nicht zu Wort kommen. Im AT ist die Bezeichnung „der Gott unserer Väter" so selbstverständlich wie „der Gott Abrahams, Isaaks und Jakobs". Wer aber ist Gott unserer

Hildegard von Bingen, Wiesbaden Codex (12. Jh.)

Anregungen zur Weiterarbeit

1. Geben Sie wieder, welche Rolle Metaphern bei der Entstehung von Gottesbildern (M 6) spielen.
2. Fassen Sie pointiert zusammen, inwiefern weibliche Gottesmetaphern (M 6) ihre Berechtigung haben.
3. Formulieren Sie das „Vaterunser" in ein „Mutterunser" um und vergleichen Sie beide Versionen miteinander.
4. Untersuchen Sie, ob sich bezüglich der Intention dieses Gebets aufgrund der weiblichen Version Abweichungen ergeben.
5. Setzen Sie sich mit der weiblichen Metaphernrede für Gott auseinander.

Mütter, Gott Saras und Hagars und ihrer Schwester? Was bedeutet es, wenn Rut zu Noomi sagt: „Dein Volk ist mein Volk, und dein Gott ist mein Gott" (Rut 1,16)? Wie haben Frauen Gott erfahren und zur Sprache gebracht? Leider berichtet die Bibel nur wenig davon. Weibliche Gottesbilder konnten sich in Theologie und Kirche, in Liturgie und Spiritualität nicht durchsetzen. Sie wurden verdrängt von der Dominanz einiger männlicher Bilder. Aber eine Erstarrung ihrer Metaphern bringt die Gottesrede selbst in Gefahr.
Obwohl sich die Kirche zu Gott als der Quelle allen Lebens bekennt, konnte sich die nahe liegende Metapher von Gott als Mutter nicht behaupten. Die Vorbehalte sind im christlichen Kontext oft mit dem Vater-Bild Jesu verbunden. Viele Christinnen und Christen nehmen an, dass Gott entweder als Vater oder als Mutter angerufen werden kann. Das Vaterunser Jesu würde demnach die Anrede von Gott als Mutter, und eigentlich auch alle anderen weiblichen Bilder, ausschließen. Erst die Erkenntnis des metaphorischen Charakters der Gottesrede macht deutlich, dass dieses „Entweder – Oder" ein gravierender Fehler ist. Die Übertragung geschieht im metaphorischen Prozess auf der Sprachebene und ist keine gegensätzliche Identifikation. Im Vaterunser Jesu bezeichnet Vater die liebende Beziehung zwischen Gott und Mensch sowie die geschwisterliche Beziehung der Menschen untereinander. Sie behauptet nicht, dass Gott männlichen Geschlechts und weibliche Namen Gottes damit ausgeschlossen seien. Wer aufgrund des Gott-Vater-Bildes bestreitet, dass Gott als Mutter oder Freundin angesprochen werden kann, verkennt den metaphorischen Charakter der Gottesrede und läuft damit Gefahr, sie zu verdinglichen. Genauso wie Christus sowohl als Hirte wie auch als Lamm benannt wird, können wir Gott als Mutter und als Vater anrufen.

1.3 Ein Gott, drei ‚Gesichter' – Gottes Dreifaltigkeit

M1 Gotteslob: Gott ist dreifaltig einer

Gott ist dreifaltig einer; der Vater schuf die Welt,
der Sohn hat uns erlöset, der Geist uns auserwählt.
Dies glaub ich, und so leb ich und will im Tod vertraun,
dass ich in meinem Leibe soll meinen Gott anschaun.

Hinterglasbild aus dem Bayerischen Wald, Bayerisches Nationalmuseum München

M2 Theodor Ahrends: Gott – nur eine Theorie?

Den dreifaltigen Gott darzustellen, stellt Künstler vor eine im Grunde unlösbare Aufgabe. Schon im Dekalog wird verboten, ein Gottesbild herzustellen. Denn Gott ist einzig – unvergleichlich also. Bilderstreitigkeiten haben sich im Laufe der Kirchengeschichte auch immer an dieser Frage entzündet. Immanuel Kant meinte: „Aus der Dreifaltigkeitslehre, nach dem Buchstaben genommen, lässt sich schlechterdings nichts fürs Praktische machen … Aus der Mehrheit göttlicher Personen folgt theoretisch nichts für den Lebenswandel."
Und Goethe lässt Mephisto räsonieren: „Mein Freund, die Kunst ist alt und neu. / Es war zu allen Zeiten, / Durch Drei und Eins und Eins und Drei / Irrtum statt Wahrheit zu verbreiten." So verstanden bliebe die Rede vom dreifaltigen Gott eine Rätselfrage, die „fürs Praktische" nichts bedeutete. Aber der Glaube an den dreifaltigen Gott hat sich nicht an theoretischen Spekulationen oder Rätselfragen entzündet, sondern an der Verkündigung Jesu, an seinem Leben und Sterben und an seiner Auferstehung. Der Ursprung ist also eine Erfahrung, nicht eine Theorie.
Die Abbildung zeigt dies in einer für die abendländische Kunst bedeutungsvoller Bilderfindung. Das große Steinrelief zeigt Gottvater auf dem Thron sitzend und das Kreuz mit dem toten Sohn vor seinem Schoß haltend. Zwischen dem Antlitz des Vaters und dem des Sohnes schwebt die Taube, das Symbol des Geistes hernieder. In sanften Schwüngen fallen die Falten des Gewandes zu Boden. Der Gekreuzigte hängt mit hochgereckten Armen am Kreuz und hat sein Haupt auf die Brust geneigt. Nur hinter dem Kopf des Vaters ist ein großer Nimbus zu sehen, und auch er ist mit einem Kreuz gezeichnet. Schmerz und Trauer, vielleicht auch Zorn zeichnen tiefe Falten in das Antlitz Gottes. Vor dem Sockel des Reliefs kniet das Stifterehepaar […].
„Gnadenstuhl" wird ein solches Bild nach der Lutherübersetzung von Hebr 4,16 genannt. Voll Zuversicht sollen wir, so heißt es dort, zum Thron der Gnade treten. Die Darstellung des dreifaltigen Gottes nimmt Bezug auf den Kreuzestod Christi, denn dort, so glaubt der christliche Künstler, zeigt Gott, wer er ist. Das Johannesevangelium spricht hier von der „Herrlichkeit Gottes". Paradoxer kann nicht ausgedrückt werden, wer Gott für den Christen ist.

Gnadenstuhl aus dem Würzburger Bürgerspital, Würzburg, um 1340/50

Anregungen zur Weiterarbeit

1. Erklären Sie anhand des Liedtextes aus dem Gotteslob M1, wie sich die Dreifaltigkeit Gottes darstellt.
2. Beschreiben Sie die beiden Darstellungen der Dreifaltigkeit (Trinität).
3. Vergleichen Sie beide Trinitätsdarstellungen miteinander.
4. Erläutern Sie, welche Gottesvorstellung bzw. welche Charakteristika Gottes in den Bildern deutlich werden. Erklären Sie, inwiefern die Dreifaltigkeit Gottes Bezug auf den Kreuzestod Jesu nimmt.
5. Gestalten Sie Ihr eigenes Bild von der Trinität Gottes. Begründen Sie Ihre künstlerische Darstellung.

M 3 Klaus Berger: Der dreifaltige Gott

Fangen wir mit dem Ende der Formel unseres Bekenntnisses an, dem Heiligen Geist. Gott begegnet uns in seiner ganzen Majestät, ungeteilt und unfasslich als Heiliger Geist. Denn er ist der Schöpfer und der Neuschöpfer, als der Geist befreit er uns von Sünden und macht er die Toten lebendig. Er ist die Kraft, die uns das Gesetz erfüllen lässt. So ist er Gott, der der Welt und den Menschen Gestalt und Leben, Vitalität und Ordnung verleiht. Er erlöst aus dem Schweigen und schenkt im Jubel das höchste glücklich-sich-selbst-Vergessen, Gott als Heiliger Geist schafft die Gestalt und ist die Freude. Er ist immer das letzte Darüberhinaus einer Kreatur und zugleich schon das innerste zarteste Flämmchen all ihrer Hoffnung. Man kann nur in äußersten Gegensätzen von ihm reden. Denn er ist die Kraft, die zusammenfügt und zusammenhält, was auseinander strebt. Insofern Schöpfer, Erhalter und Erlöser. Wir Menschen sind wie ausgedörrt in der Sehnsucht nach ihm. Jesus selbst handelt aus und lebt in Heiligem Geist, doch dieser Geist ist nicht ein Etwas; er hat eine Dichte, die ansprechbar ist in göttlicher Personalität.

Und der Sohn ist Gott, ungeteilt und ganz tritt in ihm uns Gottes Geheimnis vor Augen. Denn dieses war die Erfahrung der Menschen mit Jesus: So liebevoll und so verbindlich, so zärtlich und so streng, so ernst im nächtlichen, einsamen Beten und so fröhlich beim Feiern, so herrscherlich kompromisslos gegenüber den Dämonen und so brüderlich gegenüber Frauen und Kindern, so heilig in der absoluten Entfernung von Filz und Schmutz, so befreiend in der Vergebung gegenüber Sündern, so ist nur Gott, und so ist sicherlich Gott. Daher war es ein Glücksfall, Jesus zu begegnen und das Ende aller Verkrampfung und Krankheit zu erleben. Jesus kämpft gegen Satans Reich wie ein Feldherr, gegen Krankheit, Hunger und Tod wie ein Arzt und gegen sinnlose Trennungen zwischen den Menschen wie ein Weiser. Vor allem aber ist Gott hier leibhaftig gegenwärtig, konzentriert wie eben im Segenswort, nur viel mächtiger. Weil Jesu Machtworte aus Kranken Gesunde machen, weil seine Befreiungsworte Sünden vergeben, weil seine Worte nicht leer sind, sondern wie heilige Glut, die aus Tonklumpen haltbare Gefäße brennt, deshalb sagt man: Jesus in Person ist das Wort, durch das alles geworden ist. Es ist schon ungeheuerlich, den einen und unfassbaren Gott in dieser menschlichen Gestalt zu glauben. Erleichtert wird das nur, weil diese Präsenz Gottes auf die allermenschlichste Weise geschieht, als Freundlichkeit und Leiden, als Zuwendung und Hingabe. Aber eben auch als Freiheit von Korruption und in einer unglaublichen Freiheit gegenüber allem, was uns sonst Sorgen macht, wie Nahrung, Kleidung und Gesundheit. Der Lebensstil Jesu nach Mt 6 ist von göttlicher Sorglosigkeit geprägt. Hier liegt auch die wesentliche Verheißung. Seit den Tagen des Paradieses beherrscht das „Ihr werdet sein wie Gott" die Fantasien der Menschen. Hier wird es unerwartet Wirklichkeit – in der seligen Kinderschaft Jesu gegenüber dem Vater. Gott ist uns in Jesus als Mensch und menschlich begegnet, damit wir wie Gott werden, endlich erlöst von der Allmacht des Todes.

Und Gott ist da als der Vater, der Ursprung, als der Mutterschoß alles dessen, was ist und wird – die Bibel schließt ein sexistisches Missverständnis durch die Wahl der Bilder nachdrücklich aus. Am klarsten sagt es die Offenbarung des Johannes: „Ich bin das Alpha und das Omega [der letzte Buchstabe des griechischen Alphabets], der Anfang und das Ende." Welchen Sinn hat diese Rede vom Anfangs- und Zielpunkt? Auch Paulus stimmt dem zu, indem er sagt, dass „aus" Gott alles ist und dass es „auf ihn hin" existiert, und zwar so, dass am Ende er alles in allem ist (1 Kor 15,29). Einerseits sind Ursprung und Ziel, nimmt man sie global für alle Dinge an, gar nicht vorstellbar, nur das, was dazwischen ist, kann mehr oder weniger begriffen werden. Doch es bedeutet etwas für alle Dinge, dass sie Anfang und Ziel haben. Sie sind dann nämlich nicht selbst Gott, sondern haben bestenfalls Anteil an ihm. Wenn sie von Anfang und Ziel umgriffen werden, bedeutet das, dass alle Dinge aus Gott sind, auf ihn hin und in ihm geborgen.

Diese drei Gesichter hat Gott; so wie man sagt, seine große Stadt habe mehrere Gesichter. Auch das ist ein Bild, uns vielleicht verständlicher als das Wort „Person". Es ist aber erlaubt, von Gesichtern zu reden, weil im Griechischen das Wort „Gesicht" dasselbe ist wie das Wort „Person", und auch unser Personenbegriff kommt aus dem lateinischen Wort für „Gesicht". In einer Kapelle bei Montreux am Genfer See ist deshalb die Dreieinigkeit dargestellt wie drei Gesichter nebeneinander – mit drei Nasen, drei Mündern, aber zusammen nur vier Augen. Das mittlere Angesicht hat ein Auge mit dem rechten und eines mit dem linken Antlitz gemeinsam. Auch das nur ein Bild.

Bleiben wir bei dem Bild von der Stadt mit mehreren Gesichtern. Hilft uns der Glaube an den dreieinigen Gott? Ja, in vielfacher Hinsicht. Zum einen lässt dieser Glaube Gott als noch unfassbarer, geheimnisvoller erscheinen. Denn eine Stadt mit mehreren Gesichtern verbirgt und offenbart sich zugleich in diesen Gesichtern. Zweitens macht diese Rede deutlich, wie Gott zugleich über alle Zeit und gleichzeitig als Mensch Jesus einer von uns sein kann. Denn darauf liegt der Akzent: Dass es wirklich Gott ist, der in Jesus ist. Dass es Gott sein konnte, denn er hat mehrere Gesichter. Die Rede vom dreieinigen Gott dient vor allem der Plausibilität des Geheimnisses Jesu. Und beim Heiligen Geist geht es drittens noch einmal um Gottes ansteckende Nähe […].

Anregungen zur Weiterarbeit

1. Fassen Sie die Ausführungen Bergers zur Dreifaltigkeit Gottes M 3 in einem aussagekräftigen Schaubild zusammen.
2. Berger beschreibt eine Darstellung der Dreifaltigkeit, die in einer Kapelle bei Montreux zu sehen ist. Eine sehr ähnliche Darstellung ist auf Seite 10 unter M 1 abgebildet. Untersuchen Sie, inwiefern sie eine geeignete Darstellung der Dreifaltigkeit Gottes ist. Beziehen Sie sich dabei auch auf die Ausführungen Bergers.

1.4 Auf der Suche nach Gott: Menschen bringen Gott zur Sprache

M1 Sister Act: I will follow him

I will follow him
Follow him wherever he may go.
And near him I always will be,
And nothing can keep me away.
He is my destiny.
I will follow him
Ever since he touched my heart I knew.
There isn't an ocean to deep,
A mountain so high it can keep,
Keep me away,
Away from his love.
I love him,
I love him,
I love him.
And where he goes
I'll follow,
I'll follow,
I'll follow.
I will follow him.
Follow him wherever he may go.
There isn't an ocean to deep,
A mountain so high it can keep,
Keep me away
You did it.
You did it.
I will follow him. *(Follow him)*
Follow him wherever he may go. *(uhhhh)*
There isn't an ocean to deep, *(to deep)*
A mountain so high it can keep,
Keep us away,
Away from his love
I love him,
(Oh yes I love him.)
I'll follow.
(I'm gonna follow.)
True love,
(He'll always be my true love.)
Forever,
(From now until forever.)
I love him,
I love him,
I love him.
And where he goes
I'll follow,
I'll follow,
I'll follow.
He'll always be
my true love,
my true love,
my true love
from now until
forever,
forever,
forever.
There isn't an ocean to deep,
A mountain so high it can keep,
Keep us away,
Away from his love.

I will follow him
T: Gimbel/Altmann
© Editions J. Plante / Edition Montana Musikverlag GmbH & Co. KG, München

M2 Xavier Naidoo: Führ mich ans Licht

Deinen Namen trägt mein Herz
Dein Fehlen ist mein Schmerz
So rein zu sein wie du
Zeig' wie ich das tu'

Du gibst mehr als du hast
Du liebst mehr als du hasst
Du siehst mehr als du fasst

Fällst niemandem zur Last
Pass nur auf, wenn du gehst
Wenn du deine Pläne hegst
Was Freunde schafften, pflegst
Denn bist du unterwegs
Zähl' ich die Tage
Ich erhebe die Klage

Führ mich ans Licht
Ich enttäusch' dich nicht
(2 x)

Wir werden teilen, was ich hab'
Du wirst prüfen, was ich sag
Geben, was ich dir gab
Ich warte auf den Tag

Du wirst sehen ich mach' wahr
Was vor dir noch keiner sah
Ich bau' dir deine Welt
Ich wär' so gern dein Held
Du verlässt nur mein Haus wenn du gehst
Du wirst ernten was du säst
Sieh' zu, dass du alles verstehst
Denn bist du unterwegs
Zähl' ich die Tage
Ich erhebe die Klage

Führ mich ans Licht
Ich enttäusch' dich nicht
(2 x)

Du bist noch lang' nicht in Sicht
Weißt deinen Namen wohl noch nicht
Dein Wort hat kein Gewicht

Doch ich schreib' dir dein Gedicht
Ich bin dein, du bist mein
Ich werd' vor dir für dich schreien
Wann wirst du bei mir sein?
Ohne dich bin ich allein
Du bist der Spross unseres Baums
Die Erfüllung meines Traums
Du bist der, der mich in sich trägt
Und bist du auf deinem Weg
Zähl' ich die Tage
Ich erhebe die Klage

Führ mich ans Licht
Ich enttäusch' dich nicht
(2 x)

Du gibst mehr als du hast
Du liebst mehr als du hasst
Du siehst mehr als du fasst
Fällst niemandem zur Last

Pass nur auf, wenn du gehst
Wenn du deine Pläne hegst
Was Freunde schafften, pflegst
Denn bist du unterwegs
Zähl' ich die Tage
Ich erhebe die Klage

Führ mich ans Licht
Ich enttäusch' dich nicht
(2 x)

Ich zähle die Tage
Ich erhebe die Klage

Führ mich ans Licht
Ich enttäusch' dich nicht
(6 x)

Führ mich ans Licht
T: Herberger/Naidoo
© Hanseatic Musikverlag GmbH & Co. KG, Hamburg

Anregungen zur Weiterarbeit

1. Analysieren Sie M 1 und M 2 hinsichtlich des dort entworfenen Gottesbildes.
2. Setzen Sie sich mit den beschriebenen Gottesbildern auseinander.
3. Beschreiben Sie das Bild von Hieronymus Bosch M 3.
4. Interpretieren Sie M 3 hinsichtlich seiner Intention.
5. Gestalten Sie auf der Grundlage der Arbeitsergebnisse dieses Kapitels Ihr eigenes Gottesbild (in Form eines Gedichts oder Raps, eines Briefes an Gott, eines Bildes etc.).

M 3 Hieronymus Bosch: Der Aufstieg in das himmlische Paradies

Tafel der vier Jenseits-Darstellungen, 86,5 x 39,5 cm, Öl/Holz

2 Wie ist Gott? – Biblische Gotteserfahrungen

Der Mensch macht sich unausweichlich ein ‚Bild' von Gott, verschafft sich so einen Eindruck von seinem Wesen. Die Quelle, auf der diese Eindrücke beruhen, ist (zumeist) die Bibel. In diesem Kapitel erarbeiten Sie verschiedene Gotteserfahrungen des Alten und Neuen Testaments, geleitet von der Frage „Wie ist Gott?".

2.1 Das Buch Genesis: Die Schöpfungserzählungen

M1 Gen 1,1–2,4a: Die Erschaffung der Welt

1 1 Im Anfang schuf Gott Himmel und Erde; 2 die Erde aber
war wüst und wirr, Finsternis lag über der Urflut und Gottes
Geist schwebte über dem Wasser. 3 Gott sprach: Es werde
Licht. Und es wurde Licht. 4 Gott sah, dass das Licht gut war.
Gott schied das Licht von der Finsternis 5 und Gott nannte
das Licht Tag und die Finsternis nannte er Nacht. Es wurde
Abend und es wurde Morgen: erster Tag. 6 Dann sprach
Gott: Ein Gewölbe entstehe mitten im Wasser und scheide
Wasser von Wasser. 7 Gott machte also das Gewölbe und
schied das Wasser unterhalb des Gewölbes vom Wasser
oberhalb des Gewölbes. So geschah es 8 und Gott nannte
das Gewölbe Himmel. Es wurde Abend und es wurde Mor-
gen: zweiter Tag. 9 Dann sprach Gott: Das Wasser unterhalb
des Himmels sammle sich an einem Ort, damit das Trockene
sichtbar werde. So geschah es. 10 Das Trockene nannte Gott
Land und das angesammelte Wasser nannte er Meer. Gott
sah, dass es gut war. 11 Dann sprach Gott: Das Land lasse
junges Grün wachsen, alle Arten von Pflanzen, die Samen
tragen, und von Bäumen, die auf der Erde Früchte bringen
mit ihrem Samen darin. So geschah es. 12 Das Land brachte
junges Grün hervor, alle Arten von Pflanzen, die Samen tra-
gen, alle Arten von Bäumen, die Früchte bringen mit ihrem
Samen darin. Gott sah, dass es gut war. 13 Es wurde Abend
und es wurde Morgen: dritter Tag. 14 Dann sprach Gott:
Lichter sollen am Himmelsgewölbe sein, um Tag und Nacht
zu scheiden. Sie sollen Zeichen sein und zur Bestimmung
von Festzeiten, von Tagen und Jahren dienen; 15 sie sollen
Lichter am Himmelsgewölbe sein, die über die Erde hin
leuchten. So geschah es. 16 Gott machte die beiden großen
Lichter, das größere, das über den Tag herrscht, das kleinere,
das über die Nacht herrscht, auch die Sterne. 17 Gott setz-
te die Lichter an das Himmelsgewölbe, damit sie über die
Erde hin leuchten, 18 über Tag und Nacht herrschen und
das Licht von der Finsternis scheiden. Gott sah, dass es gut
war. 19 Es wurde Abend und es wurde Morgen: vierter Tag.
20 Dann sprach Gott: Das Wasser wimmle von lebendigen
Wesen und Vögel sollen über dem Land am Himmelsgewöl-
be dahinfliegen. 21 Gott schuf alle Arten von großen See-
tieren und anderen Lebewesen, von denen das Wasser wim-
melt, und alle Arten von gefiederten Vögeln. Gott sah, dass
es gut war. 22 Gott segnete sie und sprach: Seid fruchtbar
und vermehrt euch und bevölkert das Wasser im Meer und
die Vögel sollen sich auf dem Land vermehren. 23 Es wurde
Abend und es wurde Morgen: fünfter Tag. 24 Dann sprach
Gott: Das Land bringe alle Arten von lebendigen Wesen
hervor, von Vieh, von Kriechtieren und von Tieren des Feldes.
So geschah es. 25 Gott machte alle Arten von Tieren des
Feldes, alle Arten von Vieh und alle Arten von Kriechtieren
auf dem Erdboden. Gott sah, dass es gut war. 26 Dann
sprach Gott: Lasst uns Menschen machen als unser Abbild,
uns ähnlich. Sie sollen herrschen über die Fische des Meeres,
über die Vögel des Himmels, über das Vieh, über die ganze
Erde und über alle Kriechtiere auf dem Land. 27 Gott schuf
also den Menschen als sein Abbild; als Abbild Gottes schuf
er ihn. Als Mann und Frau schuf er sie. 28 Gott segnete sie
und Gott sprach zu ihnen: Seid fruchtbar und vermehrt euch,
bevölkert die Erde, unterwerft sie euch und herrscht über
die Fische des Meeres, über die Vögel des Himmels und über
alle Tiere, die sich auf dem Land regen. 29 Dann sprach
Gott: Hiermit übergebe ich euch alle Pflanzen auf der gan-
zen Erde, die Samen tragen, und alle Bäume mit samenhalti-
gen Früchten. Euch sollen sie zur Nahrung dienen. 30 Allen
Tieren des Feldes, allen Vögeln des Himmels und allem, was
sich auf der Erde regt, was Lebensatem in sich hat, gebe ich
alle grünen Pflanzen zur Nahrung. So geschah es. 31 Gott
sah alles an, was er gemacht hatte: Es war sehr gut. Es wur-
de Abend und es wurde Morgen: der sechste Tag.
2 1 So wurden Himmel und Erde vollendet und ihr ganzes
Gefüge. 2 Am siebten Tag vollendete Gott das Werk, das er
geschaffen hatte, und er ruhte am siebten Tag, nachdem er
sein ganzes Werk vollbracht hatte. 3 Und Gott segnete den
siebten Tag und erklärte ihn für heilig; denn an ihm ruhte
Gott, nachdem er das ganze Werk der Schöpfung vollendet
hatte. 4a Das ist die Entstehungsgeschichte von Himmel
und Erde, als sie erschaffen wurden.

Anregungen zur Weiterarbeit

1. Erarbeiten Sie detailliert den Aufbau der Schöpfungserzählung. Achten Sie dabei auch auf sprachliche Auffälligkeiten, wie z. B. Wortwiederholungen. Halten Sie Ihre Ergebnisse in einem Schaubild fest.
2. Arbeiten Sie das hier entworfene Gottesbild heraus, indem Sie nicht nur das Verhalten und Auftreten Gottes aufzeigen, sondern daraus auch Charakteristika ableiten.

M 2 Bilder: Erschaffung der Welt

Anregungen zur Weiterarbeit

1. Beschreiben Sie die auf den Seiten 15–17 abgebildeten Darstellungen zur Erschaffung der Welt und arbeiten Sie das Gottesbild heraus.
2. Setzen Sie die Darstellungen aus M 2 in Beziehung zum Auftreten Gottes in Gen 1,1–2,4 a M 1. Begründen Sie, welche Darstellung aus M 2 am besten geeignet ist, um die Schöpfungserzählung und das hier entworfene Gottesbild abzubilden. Geben Sie dem Kunstwerk dann einen aussagekräftigen Titel.

M3 Hubertus Halbfas: Schöpfung und Urknall

Beide Aspekte, Schöpfung wie Evolution, sind auf unterschiedlichen Ebenen angesiedelt, die Spannungen und Fragen nicht ausschließen.
[Gen 1,1–2,4a] will weder das erste noch das letzte Wort zur Schöpfung sagen. Er knüpft an ältere Traditionen an, weiß um die Tiefendimension der früheren Stimmen und stellt seine Leser oder Hörer vor die Unerreichbarkeit dessen, wovon er spricht. Im Begriff des Segens geht es um das Weiterwirken des Schöpfers an seiner Schöpfung.
Wenn Gen 1 ältere Vorstellungen von der Schöpfung aufnimmt, so liegt in dieser Offenheit zugleich die Bereitschaft, auch spätere, weitergehende Erforschungen der Anfänge zu respektieren, zumal der Text an vielen Stellen auf eigene Antworten verzichtet. Indem die Bibel die Mythisierung von Sonne und Mond aufhob, hat sie die Welt dem menschlichen Fragen und Forschen zugänglicher gemacht, was letztlich zum naturwissenschaftlichen Denken führte. Darum lässt sich dieser Text auch nicht auf einen simplen Gegensatz zur naturwissenschaftlichen Forschung festlegen. Grundsätzlich gilt: die Bibel ist kein naturwissenschaftliches Lehrbuch. Sie spricht zu Menschen, die das wussten, was man zu ihrer Zeit von der Welt wissen konnte. Sie zielt auf das Verhältnis von Welt und Mensch zu Gott, nicht auf Physik und Biologie.

M4 Gen 2,4b–25: Das Paradies

4b Zur Zeit, als Gott, der Herr, Erde und Himmel machte,
5 gab es auf der Erde noch keine Feldsträucher und wuchsen noch keine Feldpflanzen; denn Gott, der Herr, hatte es auf die Erde noch nicht regnen lassen und es gab noch keinen Menschen, der den Ackerboden bestellte;
6 aber Feuchtigkeit stieg aus der Erde auf und tränkte die ganze Fläche des Ackerbodens.
7 Da formte Gott, der Herr, den Menschen aus Erde vom Ackerboden und blies in seine Nase den Lebensatem. So wurde der Mensch zu einem lebendigen Wesen.
8 Dann legte Gott, der Herr, in Eden, im Osten, einen Garten an und setzte dorthin den Menschen, den er geformt hatte.
9 Gott, der Herr, ließ aus dem Ackerboden allerlei Bäume wachsen, verlockend anzusehen und mit köstlichen Früchten, in der Mitte des Gartens aber den Baum des Lebens und den Baum der Erkenntnis von Gut und Böse.
10 Ein Strom entspringt in Eden, der den Garten bewässert; dort teilt er sich und wird zu vier Hauptflüssen.
11 Der eine heißt Pischon; er ist es, der das ganze Land Hawila umfließt, wo es Gold gibt.
12 Das Gold jenes Landes ist gut; dort gibt es auch Bdelliumharz und Karneolsteine.
13 Der zweite Strom heißt Gihon; er ist es, der das ganze Land Kusch umfließt.
14 Der dritte Strom heißt Tigris; er ist es, der östlich an Assur vorbeifließt. Der vierte Strom ist der Eufrat.
15 Gott, der Herr, nahm also den Menschen und setzte ihn in den Garten von Eden, damit er ihn bebaue und hüte.
16 Dann gebot Gott, der Herr, dem Menschen: Von allen Bäumen des Gartens darfst du essen,
17 doch vom Baum der Erkenntnis von Gut und Böse darfst du nicht essen; denn sobald du davon isst, wirst du sterben.
18 Dann sprach Gott, der Herr: Es ist nicht gut, dass der Mensch allein bleibt. Ich will ihm eine Hilfe machen, die ihm entspricht.
19 Gott, der Herr, formte aus dem Ackerboden alle Tiere des Feldes und alle Vögel des Himmels und führte sie dem Menschen zu, um zu sehen, wie er sie benennen würde. Und wie der Mensch jedes lebendige Wesen benannte, so sollte es heißen.
20 Der Mensch gab Namen allem Vieh, den Vögeln des Himmels und allen Tieren des Feldes. Aber eine Hilfe, die dem Menschen entsprach, fand er nicht.
21 Da ließ Gott, der Herr, einen tiefen Schlaf auf den Menschen fallen, sodass er einschlief, nahm eine seiner Rippen und verschloss ihre Stelle mit Fleisch.
22 Gott, der Herr, baute aus der Rippe, die er vom Menschen genommen hatte, eine Frau und führte sie dem Menschen zu.
23 Und der Mensch sprach: Das endlich ist Bein von meinem Bein /
und Fleisch von meinem Fleisch. / Frau soll sie heißen, /
denn vom Mann ist sie genommen.
24 Darum verlässt der Mann Vater und Mutter und bindet sich an seine Frau und sie werden *ein* Fleisch.
25 Beide, Adam und seine Frau, waren nackt, aber sie schämten sich nicht voreinander.

M5 Hubertus Halbfas: Erläuterungen zu Gen 2,4b–25

In Gen 2 ist Adam zunächst kein Eigenname, sondern ein Kollektivum, das einfach Mensch bedeutet – das von der *adama*, der Erdkrume, genommene Geschöpf. Erst mit der Erschaffung der Frau wurde „Adam" zum Mann. So wie der Ackerboden als Metapher zu verstehen ist, gilt dies auch für die Rippe, wobei das hebräische Wort für Rippe auch „Seite" bedeuten kann. Singgemäß heißt dies: Aus der Substanz des *isch* stammt die *ischa*. Luther hat diese hebräische Entsprechung zu Mann mit „Männin" wiederzugeben versucht – sachlich richtig, wenngleich der deutschen Sprache wenig angemessen.

M 6 Meister Bertram, Erschaffung der Eva

Altar von St. Petri Hamburg (Grabower Altar), um 1380

Anregungen zur Weiterarbeit

1. Fassen Sie die Intention der Schöpfungserzählung von Gen 1,1–2,4 a (vgl. M 1, Seite 14) zusammen.
2. Erklären Sie, warum oftmals ein „Konkurrenzdenken" zwischen Schöpfung und Evolution entsteht. Lesen Sie hierzu auch M 3.
3. Nehmen Sie Stellung, ob sich die beiden Sichtweisen Ihrer Meinung nach „zusammendenken" lassen.
4. Erarbeiten Sie den Inhalt der Schöpfungserzählung in M 4.
5. Erläutern Sie auf der Grundlage von M 5 und M 6 die Entstehung des Menschen bzw. von Mann und Frau.
6. Gestalten Sie auf der Grundlage von M 5 und M 6 eine Skizze.
7. Arbeiten Sie das Verhältnis Gott – Mensch heraus.

2.2 Das Buch Exodus – JHWH und das Volk Israel

M1 Ex 3,1–22: Mose am brennenden Dornbusch

1 Mose weidete die Schafe und Ziegen seines Schwiegervaters Jitro, des Priesters von Midian. Eines Tages trieb er das Vieh über die Steppe hinaus und kam zum Gottesberg Horeb.
2 Dort erschien ihm der Engel des Herrn in einer Flamme, die aus einem Dornbusch emporschlug. Er schaute hin: Da brannte der Dornbusch und verbrannte doch nicht.
3 Mose sagte: Ich will dorthin gehen und mir die außergewöhnliche Erscheinung ansehen. Warum verbrennt denn der Dornbusch nicht?
4 Als der Herr sah, dass Mose näher kam, um sich das anzusehen, rief Gott ihm aus dem Dornbusch zu: Mose, Mose! Er antwortete: Hier bin ich.
5 Der Herr sagte: Komm nicht näher heran! Leg deine Schuhe ab; denn der Ort, wo du stehst, ist heiliger Boden.
6 Dann fuhr er fort: Ich bin der Gott deines Vaters, der Gott Abrahams, der Gott Isaaks und der Gott Jakobs. Da verhüllte Mose sein Gesicht; denn er fürchtete sich, Gott anzuschauen.
7 Der Herr sprach: Ich habe das Elend meines Volkes in Ägypten gesehen und ihre laute Klage über ihre Antreiber habe ich gehört. Ich kenne ihr Leid.
8 Ich bin herabgestiegen, um sie der Hand der Ägypter zu entreißen und aus jenem Land hinaufzuführen in ein schönes, weites Land, in ein Land, in dem Milch und Honig fließen, in das Gebiet der Kanaaniter, Hetiter, Amoriter, Perisiter, Hiwiter und Jebusiter.
9 Jetzt ist die laute Klage der Israeliten zu mir gedrungen und ich habe auch gesehen, wie die Ägypter sie unterdrücken.
10 Und jetzt geh! Ich sende dich zum Pharao. Führe mein Volk, die Israeliten, aus Ägypten heraus!
11 Mose antwortete Gott: Wer bin ich, dass ich zum Pharao gehen und die Israeliten aus Ägypten herausführen könnte?
12 Gott aber sagte: Ich bin mit dir; ich habe dich gesandt und als Zeichen dafür soll dir dienen: Wenn du das Volk aus Ägypten herausgeführt hast, werdet ihr Gott an diesem Berg verehren.
13 Da sagte Mose zu Gott: Gut, ich werde also zu den Israeliten kommen und ihnen sagen: Der Gott eurer Väter hat mich zu euch gesandt. Da werden sie mich fragen: Wie heißt er? Was soll ich ihnen darauf sagen?
14 Da antwortete Gott dem Mose: Ich bin der «Ich-bin-da». Und er fuhr fort: So sollst du zu den Israeliten sagen: Der «Ich-bin-da» hat mich zu euch gesandt.
15 Weiter sprach Gott zu Mose: So sag zu den Israeliten: Jahwe, der Gott eurer Väter, der Gott Abrahams, der Gott Isaaks und der Gott Jakobs, hat mich zu euch gesandt. Das ist mein Name für immer und so wird man mich nennen in allen Generationen.
16 Geh, versammle die Ältesten Israels und sag ihnen: Jahwe, der Gott eurer Väter, der Gott Abrahams, Isaaks und Jakobs, ist mir erschienen und hat mir gesagt: Ich habe sorgsam auf euch geachtet und habe gesehen, was man euch in Ägypten antut.
17 Darum habe ich beschlossen, euch aus dem Elend Ägyptens hinaufzuführen in das Land der Kanaaniter, Hetiter, Amoriter, Perisiter, Hiwiter und Jebusiter, in ein Land, in dem Milch und Honig fließen.
18 Wenn sie auf dich hören, so geh mit den Ältesten Israels zum König von Ägypten; sagt ihm: Jahwe, der Gott der Hebräer, ist uns begegnet. Und jetzt wollen wir drei Tagesmärsche weit in die Wüste ziehen und Jahwe, unserem Gott, Schlachtopfer darbringen.
19 Ich weiß, dass euch der König von Ägypten nicht ziehen lässt, es sei denn, er würde von starker Hand dazu gezwungen.
20 Erst wenn ich meine Hand ausstrecke und Ägypten niederschlage mit allen meinen Wundern, die ich in seiner Mitte vollbringe, wird er euch ziehen lassen.
21 Dann werde ich die Ägypter zugunsten dieses Volkes umstimmen, und wenn ihr wegzieht, werdet ihr nicht mit leeren Händen gehen.
22 Jede Frau kann von ihrer Nachbarin oder Hausgenossin silberne und goldene Geräte und Kleider verlangen. Übergebt sie euren Söhnen und Töchtern und plündert so die Ägypter aus!

Sieger Köder, Der brennende Dornbusch (Ex 3,1 f.), 1989

M2 Hubertus Halbfas: Der Gottesname JHWH

In der hebräischen Bibel begegnet der Gottesname Jahwe mehr als 6000 Mal. Geschrieben wird er nur mit Konsonanten: JHWH, gesprochen Jahwe oder Jachwe. Seit etwa 300 v. Chr. meiden es die Juden aus Ehrfurcht, diesen Gottesnamen auszusprechen. Statt dessen lesen sie *adonei*, was gewöhnlich mit „der Ewige" wiedergegeben wird. Schon die Übertragung der hebräischen Bibel ins Griechische (Septuaginta) hat das Tetragramm JHWH mit *kyrios* wiedergegeben, die lateinischen Übersetzungen mit *dominus*, und dieser Linie sind alle weiteren Übersetzungen gefolgt und ersetzen JHWH mit „Herr". Die Männlichkeit, die in der Rede vom „Herrn" steckt, ist allerdings dem Jahwe-Namen fremd, ebenso wie jede Über- und Unterordnung. Dieser Gott fast ausschließlich ersetzende Titel ist heute in seiner „herrschaftlichen" und androzentrischen Einseitigkeit fragwürdig geworden. Die Intention des biblischen Gottesnamens wird durch die starre Übersetzung mit „Herr" ignoriert und verfälscht. Aus heutigem Bewusstsein gilt, dass ein Gott, der auf eins der beiden Geschlechter festgelegt wird, der Vergangenheit angehört und – biblisch gesprochen – ein Götze ist.

M3 Peter Kliemann: „Jahwe" – ein Name als Programm

Wichtige Aspekte des alttestamentlichen Glaubens lassen sich bereits an dem besonderen Namen, den der Gott Israels trägt, festmachen. Der Gott Israels trägt neben Namen, die auch für andere altorientalische Gottheiten verwendet wurden (z. B. Elohim oder El), den nur ihm vorbehaltenen Eigennamen „Jahwe" […], der in seiner Kurzform auch in vielen anderen hebräischen Eigennamen enthalten ist (z. B. Jesa-ja = Heil Jahwes; Jeremi-ja = Jahwe verwirft; Jo-hannes = Jahwe ist gnädig).

Der Name „Jahwe" hängt etymologisch mit dem Wortstamm des hebräischen Verbs „sein"/„werden" zusammen und wird deshalb in 2. Mose 3,14 sprachwissenschaftlich korrekt aufgelöst als „Ich bin, der ich bin" bzw. – wahrscheinlich noch besser futurisch übersetzt als – „Ich werde sein, der ich sein werde" oder auch als „Ich werde bei euch sein als der, als der ich bei euch sein werde".

M4 Heinrich Fries: Bedeutung des „Ich-bin-da"

Dieses „Ich-bin-da", eine Ausdeutung des neuen und besonderen Gottesnamens Jahwe, ist eine Botschaft. Die bedeutet: „Keine heilige Stätte, kein Berg, kein Tempel ist der Standort des Gottes, der Mose sandte. Er ist nicht sesshaft; er ist da, er ist da im Jetzt und Hier der Geschichte Israels. Ich-bin-da heißt nicht nur: Ich existiere (Existenz Gottes); nicht nur: Ich bin allüberall im Raume (Allgegenwart Gottes); nicht von Dasein und Wesenheit Jahwes ist die Rede, wenn er sich Mose als Ich-bin-da offenbart, sondern von seiner *Anwesenheit*: Pharao wird es merken, auch wenn er es nicht wahrhaben will, dass nun ein Mächtigerer denn er in seinem Lande waltet. Das geknechtete und zum Aussterben verurteilte Israel wird es erfahren, seinen Befreier und Retter am Werk sehen. Der Unsichtbare zeigt sich sichtbar in geschichtlichen Taten, er offenbart sich im Weltalltag der Menschheitsgeschichte.

Anregungen zur Weiterarbeit

1. Erarbeiten Sie die Struktur des Buches Exodus. Orientieren Sie sich an den Zwischenüberschriften, die die Bibel Ihnen vorgibt.
2. Arbeiten Sie auf der Grundlage Ihrer Ergebnisse das Gottesbild des Buches Exodus heraus.
3. Interpretieren Sie die Metapher des brennenden Dornbusches **M 1** im Hinblick auf das hier deutlich werdende Gottesbild. Beziehen Sie auch das Bild von Sieger Köder mit ein. Achten Sie besonders auf die Farbsymbolik.
4. In Vers 6 verhüllt Mose sein Gesicht, weil er sich fürchtet, Gott anzuschauen. Schreiben Sie einen inneren Monolog aus der Sicht Moses, in dem sein Verhältnis zu / seine Sicht auf Gott deutlich wird. Hilfestellungen zum Verfassen eines inneren Monologs finden Sie auf den Methodenseiten.
5. Vergleichen Sie die Gottesoffenbarung (V. 14, **M 1**) mit Gottes Worten in den Versen 19–22 und arbeiten Sie das Gottesbild dieser Verse heraus.
6. Gott offenbart sich als der „Ich-bin-da". Entfalten Sie, welche Bedeutung diese Namensoffenbarung Gottes für die Menschen zur Zeit des Exodus, aber auch generell hat. Lesen Sie als Anregung vertiefend **M 4**. Fassen Sie Ihre Gedanken pointiert zusammen und präsentieren Sie im Plenum Ihre Ergebnisse. Kommen Sie anschließend darüber ins Gespräch.
7. Begründen Sie, ob Sie Kliemanns futurische Übersetzung des Gottesnamens **M 3** für geeignet bzw. passender halten. Lesen Sie einführend **M 2**.
8. Gestalten Sie auf der Grundlage Ihrer bisherigen Arbeitsergebnisse zum Gottesnamen eine Collage, ein Gedicht etc., sodass Ihre Deutung des Namens JHWHs deutlich wird.

M5 Ex 12,1–20.29–33: Paschamahl und Tötung der Erstgeborenen

1 Der Herr sprach zu Mose und Aaron in Ägypten:
2 Dieser Monat soll die Reihe eurer Monate eröffnen, er soll euch als der erste unter den Monaten des Jahres gelten.
3 Sagt der ganzen Gemeinde Israel: Am Zehnten dieses Monats soll jeder ein Lamm für seine Familie holen, ein Lamm für jedes Haus.
4 Ist die Hausgemeinschaft für ein Lamm zu klein, so nehme er es zusammen mit dem Nachbarn, der seinem Haus am nächsten wohnt, nach der Anzahl der Personen. Bei der Aufteilung des Lammes müsst ihr berücksichtigen, wie viel der Einzelne essen kann.
5 Nur ein fehlerfreies, männliches, einjähriges Lamm darf es sein, das Junge eines Schafes oder einer Ziege müsst ihr nehmen.
6 Ihr sollt es bis zum vierzehnten Tag dieses Monats aufbewahren. Gegen Abend soll die ganze versammelte Gemeinde Israel die Lämmer schlachten.
7 Man nehme etwas von dem Blut und bestreiche damit die beiden Türpfosten und den Türsturz an den Häusern, in denen man das Lamm essen will.
8 Noch in der gleichen Nacht soll man das Fleisch essen. Über dem Feuer gebraten und zusammen mit ungesäuertem Brot und Bitterkräutern soll man es essen.
9 Nichts davon dürft ihr roh oder in Wasser gekocht essen, sondern es muss über dem Feuer gebraten sein. Kopf und Beine dürfen noch nicht vom Rumpf getrennt sein.
10 Ihr dürft nichts bis zum Morgen übrig lassen. Wenn aber am Morgen noch etwas übrig ist, dann verbrennt es im Feuer!
11 So aber sollt ihr es essen: eure Hüften gegürtet, Schuhe an den Füßen, den Stab in der Hand. Esst es hastig! Es ist die Paschafeier für den Herrn.
12 In dieser Nacht gehe ich durch Ägypten und erschlage in Ägypten jeden Erstgeborenen bei Mensch und Vieh. Über alle Götter Ägyptens halte ich Gericht, ich, der Herr.
13 Das Blut an den Häusern, in denen ihr wohnt, soll ein Zeichen zu eurem Schutz sein. Wenn ich das Blut sehe, werde ich an euch vorübergehen und das vernichtende Unheil wird euch nicht treffen, wenn ich in Ägypten dreinschlage.
14 Diesen Tag sollt ihr als Gedenktag begehen. Feiert ihn als Fest zur Ehre des Herrn! Für die kommenden Generationen macht euch diese Feier zur festen Regel!
15 Sieben Tage lang sollt ihr ungesäuertes Brot essen. Gleich am ersten Tag schafft den Sauerteig aus euren Häusern! Denn jeder, der zwischen dem ersten und dem siebten Tag Gesäuertes isst, soll aus Israel ausgemerzt werden.
16 Am ersten Tag sollt ihr eine heilige Versammlung einberufen und ebenso eine heilige Versammlung am siebten Tag. An diesen beiden Tagen darf man keinerlei Arbeit tun. Nur das, was jeder zum Essen braucht, dürft ihr zubereiten.
17 Begeht das Fest der ungesäuerten Brote! Denn gerade an diesem Tag habe ich eure Scharen aus Ägypten herausgeführt. Begeht diesen Tag in allen kommenden Generationen; das sei für euch eine feste Regel.
18 Im ersten Monat, vom Abend des vierzehnten Tags bis zum Abend des einundzwanzigsten Tags, esst ungesäuerte Brote!
19 Sieben Tage lang darf sich in euren Häusern kein Sauerteig befinden; denn jeder, der Gesäuertes isst, sei er fremd oder einheimisch, soll aus der Gemeinde Israel ausgemerzt werden.
20 Esst also nichts Gesäuertes! Überall, wo ihr wohnt, sollt ihr ungesäuerte Brote essen.

29 Es war Mitternacht, als der Herr alle Erstgeborenen in Ägypten erschlug, vom Erstgeborenen des Pharao, der auf dem Thron saß, bis zum Erstgeborenen des Gefangenen im Kerker, und jede Erstgeburt beim Vieh.
30 Da standen der Pharao, alle seine Diener und alle Ägypter noch in der Nacht auf und großes Wehgeschrei erhob sich bei den Ägyptern; denn es gab kein Haus, in dem nicht ein Toter war.
31 Der Pharao ließ Mose und Aaron noch in der Nacht rufen und sagte: Auf, verlasst mein Volk, ihr beide und die Israeliten! Geht und verehrt Jahwe, wie ihr gesagt habt.
32 Auch eure Schafe, Ziegen und Rinder nehmt mit, wie ihr gesagt habt. Geht und betet auch für mich!
33 Die Ägypter drängten das Volk, eiligst das Land zu verlassen, denn sie sagten: Sonst kommen wir noch alle um.

Anregungen zur Weiterarbeit

1. Arbeiten Sie die Charakteristika des Auftretens Gottes heraus.
2. Fassen Sie Ihre Ergebnisse in einem Stimmungsbild zusammen. In einem Stimmungsbild geht es nicht darum, den Text inhaltlich abzubilden, sondern um die Darstellung der Stimmung des Textes an sich. Arbeiten Sie mit Symbolen und Farben, um die Charakteristika Gottes aufzuzeigen.
3. In Ex 12,1–20 werden die Anweisungen zum Begehen des Paschamahls gegeben. Auch heute noch feiern Juden dieses Fest. Erklären Sie (ausgehend vom Exodusgeschehen) die Bedeutung dieses Festes für gläubige Juden. Recherchieren Sie ggf. Zusatzinformationen.

M 6 Ex 13,17–14,31: Die Rettung am Schilfmeer

13 17 Als der Pharao das Volk ziehen ließ, führte sie Gott
nicht den Weg ins Philisterland, obwohl er der kürzere war.
Denn Gott sagte: Die Leute könnten es sonst, wenn sie Krieg
erleben, bereuen und nach Ägypten zurückkehren wollen.
18 So ließ sie Gott einen Umweg machen, der durch die
Wüste zum Schilfmeer führte. Geordnet zogen die Israeliten
aus Ägypten hinauf.
19 Mose nahm die Gebeine Josefs mit; denn dieser hatte die
Söhne Israels beschworen: Wenn Gott sich euer annimmt,
dann nehmt meine Gebeine von hier mit hinauf!
20 Sie brachen von Sukkot auf und schlugen ihr Lager in
Etam am Rand der Wüste auf.
21 Der Herr zog vor ihnen her, bei Tag in einer Wolkensäule,
um ihnen den Weg zu zeigen, bei Nacht in einer Feuersäule,
um ihnen zu leuchten. So konnten sie Tag und Nacht unter-
wegs sein.
22 Die Wolkensäule wich bei Tag nicht von der Spitze des
Volkes und die Feuersäule nicht bei Nacht.
14 1 Der Herr sprach zu Mose:
2 Sag den Israeliten, sie sollen umkehren und vor Pi-Hahirot
zwischen Migdol und dem Meer ihr Lager aufschlagen.
Gegenüber von Baal-Zefon sollt ihr am Meer das Lager auf-
schlagen.
3 Dann denkt der Pharao: Die Israeliten haben sich im Land
verlaufen, die Wüste hat sie eingeschlossen.
4 Ich will das Herz des Pharao verhärten, sodass er ihnen
nachjagt; dann will ich am Pharao und an seiner ganzen
Streitmacht meine Herrlichkeit erweisen und die Ägypter
sollen erkennen, dass ich der Herr bin. Und so taten sie es.
5 Als man dem König von Ägypten meldete, das Volk sei ge-
flohen, änderten der Pharao und seine Diener ihre Meinung
über das Volk und sagten: Wie konnten wir nur Israel aus
unserem Dienst entlassen!
6 Er ließ seinen Streitwagen anspannen und nahm seine
Leute mit.
7 Sechshundert auserlesene Streitwagen nahm er mit und
alle anderen Streitwagen der Ägypter und drei Mann auf
jedem Wagen.
8 Der Herr verhärtete das Herz des Pharao, des Königs von
Ägypten, sodass er den Israeliten nachjagte, während sie
voll Zuversicht weiterzogen.
9 Die Ägypter jagten mit allen Pferden und Streitwagen des
Pharao, mit seiner Reiterei und seiner Streitmacht hinter ih-
nen her und holten sie ein, als sie gerade am Meer lagerten.
Es war bei Pi-Hahirot vor Baal-Zefon.
10 Als der Pharao sich näherte, blickten die Israeliten auf
und sahen plötzlich die Ägypter von hinten anrücken. Da
erschraken die Israeliten sehr und schrien zum Herrn.
11 Zu Mose sagten sie: Gab es denn keine Gräber in Ägyp-
ten, dass du uns zum Sterben in die Wüste holst? Was hast
du uns da angetan? Warum hast du uns aus Ägypten heraus-
geführt?
12 Haben wir dir in Ägypten nicht gleich gesagt: Lass uns in
Ruhe! Wir wollen Sklaven der Ägypter bleiben; denn es ist
für uns immer noch besser, Sklaven der Ägypter zu sein, als
in der Wüste zu sterben.
13 Mose aber sagte zum Volk: Fürchtet euch nicht! Bleibt
stehen und schaut zu, wie der Herr euch heute rettet. Wie ihr
die Ägypter heute seht, so seht ihr sie niemals wieder.
14 Der Herr kämpft für euch, ihr aber könnt ruhig abwarten.
15 Der Herr sprach zu Mose: Was schreist du zu mir? Sag den
Israeliten, sie sollen aufbrechen.
16 Und du heb deinen Stab hoch, streck deine Hand über
das Meer und spalte es, damit die Israeliten auf trockenem
Boden in das Meer hineinziehen können.
17 Ich aber will das Herz der Ägypter verhärten, damit sie
hinter ihnen hineinziehen. So will ich am Pharao und an sei-
ner ganzen Streitmacht, an seinen Streitwagen und Reitern
meine Herrlichkeit erweisen.
18 Die Ägypter sollen erkennen, dass ich der Herr bin, wenn
ich am Pharao, an seinen Streitwagen und Reitern meine
Herrlichkeit erweise.
19 Der Engel Gottes, der den Zug der Israeliten anführte,
erhob sich und ging an das Ende des Zuges und die Wolken-
säule vor ihnen erhob sich und trat an das Ende.
20 Sie kam zwischen das Lager der Ägypter und das Lager
der Israeliten. Die Wolke war da und Finsternis und Blitze
erhellten die Nacht. So kamen sie die ganze Nacht einander
nicht näher.
21 Mose streckte seine Hand über das Meer aus und der
Herr trieb die ganze Nacht das Meer durch einen starken
Ostwind fort. Er ließ das Meer austrocknen und das Wasser
spaltete sich.
22 Die Israeliten zogen auf trockenem Boden ins Meer hi-
nein, während rechts und links von ihnen das Wasser wie
eine Mauer stand.
23 Die Ägypter setzten ihnen nach; alle Pferde des Pharao,
seine Streitwagen und Reiter zogen hinter ihnen ins Meer
hinein.
24 Um die Zeit der Morgenwache blickte der Herr aus der
Feuer- und Wolkensäule auf das Lager der Ägypter und
brachte es in Verwirrung.
25 Er hemmte die Räder an ihren Wagen und ließ sie nur
schwer vorankommen. Da sagte der Ägypter: Ich muss vor
Israel fliehen; denn Jahwe kämpft auf ihrer Seite gegen
Ägypten.
26 Darauf sprach der Herr zu Mose: Streck deine Hand über
das Meer, damit das Wasser zurückflutet und den Ägypter,
seine Wagen und Reiter, zudeckt.
27 Mose streckte seine Hand über das Meer und gegen Mor-
gen flutete das Meer an seinen alten Platz zurück, während
die Ägypter auf der Flucht ihm entgegenliefen. So trieb der
Herr die Ägypter mitten ins Meer.
28 Das Wasser kehrte zurück und bedeckte Wagen und Rei-
ter, die ganze Streitmacht des Pharao, die den Israeliten ins
Meer nachgezogen war. Nicht ein Einziger von ihnen blieb
übrig.
29 Die Israeliten aber waren auf trockenem Boden mitten
durch das Meer gezogen, während rechts und links von ih-
nen das Wasser wie eine Mauer stand.
30 So rettete der Herr an jenem Tag Israel aus der Hand der
Ägypter. Israel sah die Ägypter tot am Strand liegen.

31 Als Israel sah, dass der Herr mit mächtiger Hand an den Ägyptern gehandelt hatte, fürchtete das Volk den Herrn. Sie glaubten an den Herrn und an Mose, seinen Knecht.

Anregungen zur Weiterarbeit

1. Fassen Sie die wichtigsten Aspekte aus M 6 in einem Comic zusammen. Reduzieren Sie dazu die Redeanteile auf das Wesentliche und verwenden Sie passende Farben. Gestalten Sie alternativ ein Drehbuch zu dieser Szenerie.
2. Setzen Sie sich kritisch mit dem dargestellten Gottesbild auseinander, indem Sie Ihre Gedanken in einem Brief an Gott formulieren.

M7 Das Lied Mose (Ex 15,1–18) und Mirjams (Ex 15,20–21)

1 Damals sang Mose mit den Israeliten dem Herrn dieses
Lied; sie sagten: Ich singe dem Herrn ein Lied, /
denn er ist hoch und erhaben. / Rosse und Wagen warf er ins
Meer.
2 Meine Stärke und mein Lied ist der Herr, /
er ist für mich zum Retter geworden. / Er ist mein Gott, ihn
will ich preisen; / den Gott meines Vaters will ich rühmen.
3 Der Herr ist ein Krieger, / Jahwe ist sein Name.
4 Pharaos Wagen und seine Streitmacht /
warf er ins Meer. / Seine besten Kämpfer versanken im
Schilfmeer.
5 Fluten deckten sie zu, / sie sanken in die Tiefe wie Steine.
6 Deine Rechte, Herr, ist herrlich an Stärke; /
deine Rechte, Herr, zerschmettert den Feind.
7 In deiner erhabenen Größe /
wirfst du die Gegner zu Boden. / Du sendest deinen Zorn; /
er frisst sie wie Stoppeln.
8 Du schnaubtest vor Zorn, / da türmte sich Wasser, / da
standen Wogen als Wall, / Fluten erstarrten im Herzen des
Meeres.
9 Da sagte der Feind: Ich jage nach, hole ein. /
Ich teile die Beute, ich stille die Gier. / Ich zücke mein
Schwert, meine Hand jagt sie davon.
10 Da schnaubtest du Sturm. Das Meer deckte sie zu. /
Sie sanken wie Blei ins tosende Wasser.
11 Wer ist wie du unter den Göttern, o Herr? /
Wer ist wie du gewaltig und heilig, / gepriesen als furchtbar,
Wunder vollbringend?
12 Du strecktest deine Rechte aus, /
da verschlang sie die Erde.
13 Du lenktest in deiner Güte /
das Volk, das du erlöst hast, / du führtest sie machtvoll / zu
deiner heiligen Wohnung.
14 Als die Völker das hörten, erzitterten sie, /
die Philister packte das Schütteln.
15 Damals erschraken die Häuptlinge Edoms, /
die Mächtigen von Moab packte das Zittern, / Kanaans Be-
wohner, sie alle verzagten.
16 Schrecken und Furcht überfiel sie, /
sie erstarrten zu Stein / vor der Macht deines Arms, / bis
hindurchzog, o Herr, dein Volk, / bis hindurchzog das Volk,
das du erschufst.
17 Du brachtest sie hin /
und pflanztest sie ein / auf dem Berg deines Erbes. / Einen
Ort, wo du thronst, Herr, / hast du gemacht; / ein Heiligtum,
Herr, haben deine Hände gegründet.
18 Der Herr ist König für immer und ewig.
20 Die Prophetin Mirjam, die Schwester Aarons, nahm die
Pauke in die Hand und alle Frauen zogen mit Paukenschlag
und Tanz hinter ihr her.
21 Mirjam sang ihnen vor: Singt dem Herrn ein Lied, /
denn er ist hoch und erhaben! / Rosse und Wagen warf er
ins Meer.

Sieger Köder, Mirjam

Anregungen zur Weiterarbeit

1. Formulieren Sie die Intention, die Mose und Mirjam mit ihren Liedern M 7 verfolgen.
2. Analysieren Sie die sprachliche Gestaltung der Gesänge in M 7 und arbeiten Sie die Gotteserfahrung des Mose, Mirjams und des Volkes Israel heraus.

M8 Ex 19,1–6: Das Bundesangebot Gottes

1 Im dritten Monat nach dem Auszug der Israeliten aus
Ägypten – am heutigen Tag – kamen sie in der Wüste Sinai
an.
2 Sie waren von Refidim aufgebrochen und kamen in die
Wüste Sinai. Sie schlugen in der Wüste das Lager auf. Dort
lagerte Israel gegenüber dem Berg.
3 Mose stieg zu Gott hinauf. Da rief ihm der Herr vom Berg
her zu: Das sollst du dem Haus Jakob sagen und den Israeli-
ten verkünden:
4 Ihr habt gesehen, was ich den Ägyptern angetan habe,
wie ich euch auf Adlerflügeln getragen und hierher zu mir
gebracht habe.
5 Jetzt aber, wenn ihr auf meine Stimme hört und meinen
Bund haltet, werdet ihr unter allen Völkern mein besonderes
Eigentum sein. Mir gehört die ganze Erde,
6 ihr aber sollt mir als ein Reich von Priestern und als ein
heiliges Volk gehören. Das sind die Worte, die du den Israeli-
ten mitteilen sollst.

Anregungen zur Weiterarbeit

1. Fassen Sie die Botschaft, die Mose dem Volk Israel mitteilen soll, zusammen.
2. Erläutern Sie, welche Funktion und welche Bedeutung der in Vers 5 angesprochene Bund hat. Überlegen Sie in diesem Zusammenhang, wann Sie von einem „Bund" sprechen (z. B. „Bund der Ehe").
3. Nehmen Sie aus der Sicht der Israeliten Stellung zu der Botschaft Gottes.
4. In Vers 4 merkt Gott an, dass er die Israeliten „wie auf Adlerflügeln getragen" habe. Interpretieren Sie dieses Bild des Adlers. Recherchieren und interpretieren Sie weitere Bibelstellen, die dieses Bild aufgreifen.
5. Arbeiten Sie auf dieser Grundlage das Selbstverständnis Gottes heraus.

M9 Ex 20,1–17: Die Zehn Gebote

1 Dann sprach Gott alle diese Worte:
2 Ich bin Jahwe, dein Gott, der dich aus Ägypten geführt hat,
aus dem Sklavenhaus.
3 Du sollst neben mir keine anderen Götter haben.
4 Du sollst dir kein Gottesbild machen und keine Darstellung
von irgendetwas am Himmel droben, auf der Erde unten
oder im Wasser unter der Erde.
5 Du sollst dich nicht vor anderen Göttern niederwerfen und
dich nicht verpflichten, ihnen zu dienen. Denn ich, der Herr,
dein Gott, bin ein eifersüchtiger Gott: Bei denen, die mir
Feind sind, verfolge ich die Schuld der Väter an den Söhnen,
an der dritten und vierten Generation;
6 bei denen, die mich lieben und auf meine Gebote achten,
erweise ich Tausenden meine Huld.
7 Du sollst den Namen des Herrn, deines Gottes, nicht miss-
brauchen; denn der Herr lässt den nicht ungestraft, der sei-
nen Namen missbraucht.
8 Gedenke des Sabbats: Halte ihn heilig!
9 Sechs Tage darfst du schaffen und jede Arbeit tun.
10 Der siebte Tag ist ein Ruhetag, dem Herrn, deinem Gott,
geweiht. An ihm darfst du keine Arbeit tun: du, dein Sohn
und deine Tochter, dein Sklave und deine Sklavin, dein Vieh
und der Fremde, der in deinen Stadtbereichen Wohnrecht
hat.
11 Denn in sechs Tagen hat der Herr Himmel, Erde und Meer
gemacht und alles, was dazugehört; am siebten Tag ruhte
er. Darum hat der Herr den Sabbattag gesegnet und ihn für
heilig erklärt.
12 Ehre deinen Vater und deine Mutter, damit du lange lebst
in dem Land, das der Herr, dein Gott, dir gibt.
13 Du sollst nicht morden.
14 Du sollst nicht die Ehe brechen.
15 Du sollst nicht stehlen.
16 Du sollst nicht falsch gegen deinen Nächsten aussagen.
17 Du sollst nicht nach dem Haus deines Nächsten verlan-
gen. Du sollst nicht nach der Frau deines Nächsten verlan-
gen, nach seinem Sklaven oder seiner Sklavin, seinem Rind
oder seinem Esel oder nach irgendetwas, das deinem Nächs-
ten gehört.

Mané-Katz, Moses mit den Tafeln des Neuen Bundes, 1960. 64,4 x 50,2 cm, Gouache/Papier

Anregungen zur Weiterarbeit

1. Fassen Sie die Intention der Zehn Gebote/des Dekalogs zusammen.
2. Konkretisieren Sie jedes Gebot mit einem Beispiel aus Ihrem Alltag.
3. Erklären Sie auf der Grundlage Ihrer bisherigen Erkenntnisse zum Exodusgeschehen die Einleitung (Präambel) des Dekalogs (Ex 20,2).
4. Erörtern Sie, inwiefern die Präambel „nötig" für den Dekalog ist oder ob nicht auch eine Lesart ohne diese Einleitung möglich ist.
5. Begründen Sie, ob der Dekalog auch für die heutige Zeit als Maßstab gelten kann oder nicht. Lesen Sie hierzu M 10. Führen Sie im Plenum die Methode „Streitlinie" durch. Hilfestellung bei Planung und Durchführung bieten Ihnen die Methodenseiten.

M 10 Erich Zenger: Der Anspruch und die Verheißung der Zehn Gebote

Was die Zehn Gebote bewirken wollen, lässt sich besonders deutlich an der Gliederung des Exodustextes ablesen. Hier gibt die Überschrift wie eine Art Notenschlüssel vor einem Musikstück an, worum es geht. Man kann den Zusammenhang dieser Überschrift mit den folgenden Einzelgeboten etwas abgewandelt so umschreiben: „Weil ich Jahwe bin, d. h. weil ich der Gott bin und bleiben will, der dir nahe ist, der dir in den Wüsten deines Lebens die Todeswege ersparen will, darum sollte es für dich überhaupt nicht in Frage kommen, dass du dich auf andere Götter einlässt, dass du mordest, dass du … Weil ich dein Gott bin und sein will, der dich befreit aus aller Art pharaonischer Sklaverei, darum sollte es für dich überhaupt nicht in Frage kommen, dass du … Und vor allem: Ich habe dir doch gezeigt, dass dies nicht bloße Versprechungen sind. Ich *habe* dir in der Wüste Leben gegeben. Ich *habe* dich aus der pharaonischen Sklaverei befreit. Dadurch habe ich dich befähigt, so zu handeln wie die Gebote fordern. Und dadurch habe ich dir doch Grund genug gegeben, mir und meinen Weisungen zu vertrauen. Dadurch habe ich dir doch Grund gegeben, dein Wandeln auf den Wegen der Gebote als eine Art Antwort (sozusagen: ein feed back!) zu begreifen …". Vor dieser Überschrift her sind die Zehn Gebote Forderung und Verheißung *zugleich*: Weil Jahwe sein Volk auch in der Wüste Wege des Lebens führen will, muss es *ihm* folgen. Und indem und solange es *ihm* folgt, verliert die „Wüste der Geschichte" ihre tödliche Gefährlichkeit.

Deshalb formulieren die Zehn Gebote gewissermaßen zehn Beispiele tödlicher Gefahren. Sie geben zehn Lebenssituationen an, in denen das von Gott geschenkte Leben und die von ihm gewollte Freiheit besonders gefährdet sind. Sie formulieren konkrete Verhaltensweisen, an denen einem todbringende Haltungen aufgehen sollen.

[…] Die Zehn Gebote sind […] nicht eigentlich Gesetz. Auch in ihrem Anliegen sind sie nicht vergleichbar mit einem heutigen Strafgesetzbuch. Wer dieses Strafgesetzbuch nicht übertritt, mag im Sinne eines polizeilichen Führungszeugnisses ein guter Staatsbürger sein, ein guter Christ im Sinne des Dekalogs ist er deshalb noch lange nicht! Nicht Gesetz, sondern Weisung sind die Zehn Gebote. Sie sind weisendes und treibendes Wort, welches helfen will, das Leben zu meistern. Leben aber gibt es im Sinne der Bibel nur als Leben in der Gemeinschaft mit Gott und mit dem Gottesvolk. Dazu will der Dekalog aufrufen. Und insofern sind die Zehn Gebote Einladung zur Praxis von Gerechtigkeit. Biblisch „gerecht" ist aber nicht einfach, wer entsprechend einem vorgegebenen Rechtskodex lebt, sondern wer entsprechend den Gemeinschaftsbezügen, in denen er steht, lebt. „Gerecht" ist, wer die Gemeinschaft des Jahwevolks untereinander aufbaut, fördert und dort, wo sie bedroht ist, schützt und rettet. Der Dekalog will deshalb nicht zu ängstlich-korrektem Nichts-Falsches-Tun, sondern zum mutigen „das Rechte zur rechten Zeit am rechten Ort Tun" aufrufen. Er will einladen, mitzuwirken an der Befreiungsgeschichte, die Gott in dieser unserer Welt durch den Exodus Israels aus Ägypten (und durch den Exodus Jesu aus der Macht des Todes und der Sünde) in Gang gebracht hat. Er will uns einladen, durch unser Tun das Ja der Erlösung, das er zu uns gesprochen hat, weiterzugeben. Nicht um Unterordnung geht es im Dekalog, sondern um Impuls zum Einsatz für Leben und Freiheit.

M 11 Wer etwas Wichtiges zu sagen hat, der macht keine langen Sätze

Anregungen zur Weiterarbeit

1. Beschreiben Sie die Werbeanzeige für die BILD-Zeitung.
2. Analysieren Sie die Werbeanzeige im Hinblick auf ihre Intention.
3. Setzen Sie Ihre erarbeiteten Ergebnisse bezüglich des Dekalogs in Beziehung zur Anzeige.
4. Begründen Sie, inwiefern Sie die Werbanzeige im Hinblick auf die Intention des Dekalogs nachvollziehbar und gelungen finden.

M12 Ex 32,1–4: Die Verehrung des goldenen Kalbs

1 Als das Volk sah, dass Mose noch immer nicht vom Berg herabkam, versammelte es sich um Aaron und sagte zu ihm: Komm, mach uns Götter, die vor uns herziehen. Denn dieser Mose, der Mann, der uns aus Ägypten heraufgebracht hat – wir wissen nicht, was mit ihm geschehen ist.
2 Aaron antwortete: Nehmt euren Frauen, Söhnen und Töchtern die goldenen Ringe ab, die sie an den Ohren tragen, und bringt sie her!
3 Da nahm das ganze Volk die goldenen Ohrringe ab und brachte sie zu Aaron.
4 Er nahm sie von ihnen entgegen, zeichnete mit einem Griffel eine Skizze und goss danach ein Kalb. Da sagten sie: Das sind deine Götter, Israel, die dich aus Ägypten heraufgeführt haben.

Nicolas Poussin: Der Tanz um das Goldene Kalb (um 1634/35), Öl auf Leinwand, 154 x 214 cm

M13 Ex 20,4: Bilderverbot

Du sollst dir kein Gottesbild machen und keine Darstellung von irgendetwas am Himmel droben, auf der Erde unten oder im Wasser unter der Erde.

M14 Ex 32,7–16: Die Reaktion Gottes

7 Da sprach der Herr zu Mose: Geh, steig hinunter, denn dein Volk, das du aus Ägypten heraufgeführt hast, läuft ins Verderben.
8 Schnell sind sie von dem Weg abgewichen, den ich ihnen vorgeschrieben habe. Sie haben sich ein Kalb aus Metall gegossen und werfen sich vor ihm zu Boden. Sie bringen ihm Schlachtopfer dar und sagen: Das sind deine Götter, Israel, die dich aus Ägypten heraufgeführt haben.
9 Weiter sprach der Herr zu Mose: Ich habe dieses Volk durchschaut: Ein störrisches Volk ist es.
10 Jetzt lass mich, damit mein Zorn gegen sie entbrennt und sie verzehrt. Dich aber will ich zu einem großen Volk machen.
11 Da versuchte Mose, den Herrn, seinen Gott, zu besänftigen, und sagte: Warum, Herr, ist dein Zorn gegen dein Volk entbrannt? Du hast es doch mit großer Macht und starker Hand aus Ägypten herausgeführt.
12 Sollen etwa die Ägypter sagen können: In böser Absicht hat er sie herausgeführt, um sie im Gebirge umzubringen

und sie vom Erdboden verschwinden zu lassen? Lass ab von deinem glühenden Zorn und lass dich das Böse reuen, das du deinem Volk antun wolltest.

13 Denk an deine Knechte, an Abraham, Isaak und Israel, denen du mit einem Eid bei deinem eigenen Namen zugesichert und gesagt hast: Ich will eure Nachkommen zahlreich machen wie die Sterne am Himmel, und: Dieses ganze Land, von dem ich gesprochen habe, will ich euren Nachkommen geben und sie sollen es für immer besitzen.

14 Da ließ sich der Herr das Böse reuen, das er seinem Volk angedroht hatte.

15 Mose kehrte um und stieg den Berg hinab, die zwei Tafeln der Bundesurkunde in der Hand, die Tafeln, die auf beiden Seiten beschrieben waren. Auf der einen wie auf der andern Seite waren sie beschrieben.

16 Die Tafeln hatte Gott selbst gemacht und die Schrift, die auf den Tafeln eingegraben war, war Gottes Schrift.

M15 Gerhard Lohfink: Die Alleinverehrung JHWHs

Worum geht es bei der Alleinverehrung JHWHs? Für die Völker rund um Israel ist die Welt voller Götter. Alles ist göttlich. Wenn man die Wirklichkeit der Welt bis in ihre numinose Tiefe hinein ernst nehmen will, muss man deshalb vielen Göttern dienen. Das schließt nicht aus, dass man sich an bestimmten Orten, zu bestimmten Zeiten und in besonderen Situationen auf einen bestimmten Gott konzentriert. Das schließt nicht einmal aus, dass man dann in diesem Gott (oder in dieser Göttin) die Summe alles Göttlichen der Welt verehrt. Man kann einen einzigen Gott anrufen, unterwirft sich aber in ihm allen Göttern des Kosmos.

Genau das ist in Israel anders. JHWH ist gerade nicht die Summe alles Göttlichen der Welt. Er ist in der Herausführung aus Ägypten und in vielen anderen Rettungstaten als der Gott, der allein rettet, erfahren worden. Deshalb lässt sich eine Verehrung nicht mit der Verehrung anderer Götter verbinden. Deshalb darf in völliger Ausschließlichkeit nur er allein verehrt werden. Die Texte formulieren diese Ausschließlichkeit oft im Bild der Eifersucht. JHWH ist ein eifersüchtiger Gott. Er ist anders als die Götter rund um Israel. In ihm verdichtet sich nicht das Numinose der Welt. Er ist von der Welt ganz und gar unterschieden. Lange Zeit kann Israel das absolut Andere, das sein Gott ist, noch nicht *monotheistisch*, als strengen Eingottglauben, formulieren. Es kann zunächst nur sagen: Es mag in der Welt viele Götter geben, aber wir dürfen ihnen nicht dienen, sondern nur IHM allein.

Und ihn allein zum Herren haben, ihm allein dienen, heißt eben, ihm alle Bereiche des Lebens zuzuordnen. Wenn er nur für bestimmte Bereiche zuständig wäre, für bestimmte Situationen oder bestimmte Zeiten, wäre er gerade nicht der einzige Herr. Das Gottesvolk hätte dann neben ihm noch andere Herren. Die Vielfalt der Gesetze Israels, das sich immer weit erstreckende Gelände seiner Tora, beabsichtigt nichts anderes, als die gesamte Welt des Gottesvolkes, alle Wirklichkeit, in der er es lebt, der Herrschaft dieses einen Gottes zu unterstellen.

Der altägyptische Gott Anubis (Gott der Totenriten, rechts)

Der ägyptische Gott Osiris (Gott des Jenseits, der Wiedergeburt und des Nils, Mitte)

Der altägyptische Gott Ra (Sonnengott, Mitte)

Der ägyptische Gott Bes (Schutzgott)

M16 Erich Zenger: Deutung des Bilderverbots in Ex 33,18–23

Dem Mose, der Gottes Angesicht sehen will, sagt Gott weiter: „Ich will meine Herrlichkeit an dir vorübergehen lassen. Dabei stelle ich dich in diese Felsspalte da und halte (mich verbergend und dich schützend) meine Hand über dich, während ich an dir vorübergehe. Dann ziehe ich meine Hand zurück und du wirst meinen Rücken sehen" (Ex 33,23 f.).
Es geht also nicht so, dass der Mensch sich ein gegenständliches oder auch nur gedankliches Gottesbild macht und vor sich hinstellt, um es zu meditieren und es in sich aufzunehmen. Hier stellt nicht der Mensch seinen Gott, sondern hier wird zuallererst der Mensch von seinem Gott gestellt. Biblische Gotteserfahrung geht nicht so, dass wir darüber entscheiden, wann und wo und wie wir diesem Gott zu begegnen geneigt oder willens sind. Nicht *wir* begegnen Ihm, sondern *Er* begegnet uns – das ist die Grundüberzeugung der ganzen biblischen Tradition.
Dass Mose nicht das Gesicht, sondern nur den Rücken seines Gottes sehen darf, meint nicht nur, dass der Mensch Gott nie voll erfassen kann. Den Rücken eines anderen sieht vor allem der, der hinter ihm hergeht – der ihm nachfolgt! [...] Nicht im Betrachten oder in der Pflege eines noch so schönen Bildes dieses Gottes wird der biblische Gott erfahren, sondern indem man handelt wie Er. Indem man sich auf den Weg macht, den er bahnt und vorangeht!

Anregungen zur Weiterarbeit

1. Skizzieren Sie, auch auf der Grundlage des Bildes von Nicolas Poussin (Seite 27), das Geschehen in Ex 32,1–4.
2. Setzen Sie diese Situation in Beziehung zum Bilderverbot M 13, welches im Dekalog formuliert ist.
3. Interpretieren Sie die Reaktion Gottes in Ex 32,7–16 M 14 und arbeiten Sie das hier deutlich werdende Gottesbild heraus. Zur Unterstützung Ihrer Interpretation lesen Sie vertiefend M 15.
4. In Ex 33,18–23 wünscht Mose, Gottes Angesicht zu sehen. Gott lehnt diesen Wunsch ab und antwortet ihm in Vers 23: „und du wirst meinen Rücken sehen". Interpretieren Sie diese Form des Bilderverbots, indem Sie sich auf M 16 beziehen.

M17 Andreas Mertin: Rezeption des Exodus-Motivs in Bob Marleys „Keep on Moving"

[…] Hintergrund vieler Lieder Bob Marleys war sein Bekenntnis zu den Rastafari, einer politisch-religiösen Bewegung aus dem frühen 20. Jahrhundert, mit der die afrikanische Bevölkerung Jamaikas ihre Hoffnung auf eine Befreiung von Rassismus und Kolonialismus verband. Die Rastafari kombinieren Emanzipationsbestrebungen mit Elementen afrikanischer Religionen und alttestamentlichen Vorstellungen. So gehört zu ihrem Glauben die Überzeugung, Nachkommen der verlorenen Stämme Israels zu sein. Ihre Erlösung interpretieren sie als einen von Gott angeführten Zug in die afrikanische Heimat.
Nur wenige Lieder der populären Kultur der Gegenwart kommen vielleicht der Situation des Volkes Israel in Ägypten so nahe wie „Keep on moving" von *Bob Marley* und seiner Band.

M18 Liedtext „Keep on Moving"

Lord, I've got to keep on moving
Lord, I've got to get on down
Lord, I've got to keep on moving
Where I can't be found
Lord, they're coming after me

I've been accused for the killin'
Lord knows I didn't do
For hangin' me, they are willin', yeah, yeah
And that's why I've got to get on thru
Lord, they coming after me (a-one more time)

(I say) Lord, I've got to keep on moving
Lord, I've got to get on down
Lord, I've got to keep on moving
Where I can't be found
Lord, they're coming after me

I know someday we'll find that piece of land
Somewhere not nearby Babylon
The war will soon be over and Africa
Will unite the children who liveth in
Darkness have seen the great light

(Now, listen) I've got two boys and a woman
They're just gonna suffer now
Lord, forgive me for not goin' back
But I'll be there anyhow
I'll be there anyhow (one more time)

(I say) Lord, I've got to keep on moving
Lord, I've got to get on down
Lord, I've got to keep on moving
Where I can't be found
Lord, they're coming after me

Now, maybe someday I'll find a piece
of land
Somewhere not by near anyone
Then I'll send for my love, love, love,
love, sweet woman
And my two grown up son
My two grown up son (yeah, yeah …)

(I say now) Lord I've got to keep on
moving …

Keep on Moving
T: Bellers-Smith/Butler/Davies, J. R./Davies, M. C./Lawrence/Lewis/Perry
© Distiller Publ. LLP / Warner/Chappell Music Publ. Ltd.
Neue Welt Musikverlag GmbH, Hamburg

Anregungen zur Weiterarbeit

1. Skizzieren Sie den Gedankengang des Liedtextes.
2. Formulieren Sie anschließend seine Intention.
3. Erläutern Sie, inwiefern der Text von Bob Marley das befreiende Exodusgeschehen aufgreift. Recherchieren Sie hierzu ggf. zusätzliche Informationen zu Bob Marley, den Rastafari und ihren Zielen sowie zum historischen Kontext (Rassismus und Kolonialismus).
4. Wenden Sie die Botschaft des Exodusgeschehens auch auf andere historische Kontexte an und zeigen Sie so die nachhaltige Bedeutung des Exodus auf.
5. Analysieren Sie, welches Gottesbild Marley in seinem Liedtext vermittelt.
6. Stellen Sie dann Bezüge zum Gott des Exodus her.
7. Sie haben im Laufe dieses Unterkapitels einige Gottesbilder kennengelernt. Wählen Sie das Zitat aus dem Buch Exodus aus, das Ihrer Meinung nach am treffendsten das Gottesbild, wie es im Buch Exodus entworfen wird, verdeutlicht. Schreiben Sie das Zitat auf ein Blatt Papier.
8. Begründen Sie Ihre Wahl, indem Sie einen kurzen Kommentar, eine Skizze, Symbole o. Ä. ergänzen.
9. Vergleichen Sie Ihre Zitate und damit verbundenen Gottesbilder im Plenum und formulieren Sie abschließend, wie das Buch Exodus Gott darstellt.

2.3 Die Psalmen – Gotteslieder

M1 Die Psalmen – Einführung

Ähnlich wie die Bücher des Mose ist die Sammlung von 150 Einzelliedern, die eines der bedeutendsten Bücher der Heiligen Schrift und auch der gesamten Weltliteratur darstellen, in fünf Bücher eingeteilt: Ps 1–41; 42–72; 73–89; 90–106; 107–150.
[…] Die heutige Reihenfolge und Anordnung der Psalmen in der hebräischen Bibel, die eine gewisse Korrespondenz zu den Büchern des Mose aufweist, ist höchstwahrscheinlich von ihrem Gebrauch im Synagogengottesdienst her zu verstehen. Thematisch berühren die Psalmen fast alle Fragen und Probleme der alttestamentlichen Theologie. Die neuere Forschung befasst sich besonders mit den verschiedenen Psalmengattungen und ihrem „Sitz im Leben" sowie mit der Überlieferung der einzelnen Psalmen bis zu ihrer jetzigen Gestalt.

Anregungen zur Weiterarbeit

1. Leiten Sie Themen ab, von denen die Psalmen handeln können, ausgehend von der Tatsache, dass sie „fast alle Fragen und Probleme der alttestamentlichen Theologie" ansprechen.

M2 Psalmensammlung

Ps 9,2–4
2 Ich will dir danken, Herr, aus ganzem Herzen, /
verkünden will ich all deine Wunder.
3 Ich will jauchzen und an dir mich freuen, /
für dich, du Höchster, will ich singen und spielen.
4 Denn zurückgewichen sind meine Feinde, /
gestürzt und vergangen vor deinem Angesicht.

Ps 11,4
4 Der Herr weilt in seinem heiligen Tempel, /
der Thron des Herrn ist im Himmel. Seine Augen schauen herab, / seine Blicke prüfen die Menschen.

Ps 12,8–9
8 Du, Herr, wirst uns behüten /
und uns vor diesen Leuten für immer erretten,
9 auch wenn die Frevler frei umhergehen /
und unter den Menschen die Gemeinheit groß wird.

Ps 13,3
3 Wie lange noch muss ich Schmerzen ertragen in meiner Seele, /
in meinem Herzen Kummer Tag für Tag? / Wie lange noch darf mein Feind über mich triumphieren?

Ps 22,2–3
2 Mein Gott, mein Gott, warum hast du mich verlassen, /
bist fern meinem Schreien, den Worten meiner Klage?
3 Mein Gott, ich rufe bei Tag, doch du gibst keine Antwort; /
ich rufe bei Nacht und finde doch keine Ruhe.

Ps 23,4
4 Muss ich auch wandern in finsterer Schlucht, /
ich fürchte kein Unheil; denn du bist bei mir, / dein Stock und dein Stab geben mir Zuversicht.

Ps 27,10
10 Wenn mich auch Vater und Mutter verlassen, /
der Herr nimmt mich auf.

Ps 27,14
14 Hoffe auf den Herrn und sei stark! /
Hab festen Mut und hoffe auf den Herrn!

Ps 31,2–3
2 Herr, ich suche Zuflucht bei dir. /
Lass mich doch niemals scheitern; / rette mich in deiner Gerechtigkeit!
3 Wende dein Ohr mir zu, /
erlöse mich bald! Sei mir ein schützender Fels, / eine feste Burg, die mich rettet.

Ps 40,9
9 Deinen Willen zu tun, mein Gott, macht mir Freude, /
deine Weisung trag ich im Herzen.

Ps 42,3
3 Meine Seele dürstet nach Gott, /
nach dem lebendigen Gott. Wann darf ich kommen / und Gottes Antlitz schauen?

Ps 62,7
7 Nur er ist mein Fels, meine Hilfe, meine Burg; /
darum werde ich nicht wanken.

Ps 63,2
2 Gott, du mein Gott, dich suche ich, /
meine Seele dürstet nach dir. Nach dir schmachtet mein Leib / wie dürres, lechzendes Land ohne Wasser.

Ps 77,13–21
13 Ich erwäge all deine Werke /
und will nachsinnen über deine Taten.
14 Gott, dein Weg ist heilig. /
Wo ist ein Gott, so groß wie unser Gott?
15 Du allein bist der Gott, der Wunder tut, /
du hast deine Macht den Völkern kundgetan.
16 Du hast mit starkem Arm dein Volk erlöst, /
die Kinder Jakobs und Josefs. [Sela]
17 Die Wasser sahen dich, Gott, /

die Wasser sahen dich und bebten. / Die Tiefen des Meeres
tobten.
18 Die Wolken gossen ihr Wasser aus, /
das Gewölk ließ die Stimme dröhnen, / auch deine Pfeile
flogen dahin.
19 Dröhnend rollte dein Donner, /
Blitze erhellten den Erdkreis, / die Erde bebte und wankte.
20 Durch das Meer ging dein Weg, /
dein Pfad durch gewaltige Wasser, / doch niemand sah deine
Spuren.
21 Du führtest dein Volk wie eine Herde /
durch die Hand von Mose und Aaron.

Ps 85,10–14
10 Sein Heil ist denen nahe, die ihn fürchten. /
Seine Herrlichkeit wohne in unserm Land.
11 Es begegnen einander Huld und Treue; /
Gerechtigkeit und Friede küssen sich.
12 Treue sprosst aus der Erde hervor; /
Gerechtigkeit blickt vom Himmel hernieder.
13 Auch spendet der Herr dann Segen /
und unser Land gibt seinen Ertrag.
14 Gerechtigkeit geht vor ihm her /
und Heil folgt der Spur seiner Schritte.

Ps 104,5
5 Du hast die Erde auf Pfeiler gegründet; /
in alle Ewigkeit wird sie nicht wanken.

Ps 135,3
3 Lobt den Herrn, denn der Herr ist gütig. /
Singt und spielt seinem Namen, denn er ist freundlich.

Ps 142,7
7 Vernimm doch mein Flehen; /
denn ich bin arm und elend. Meinen Verfolgern entreiß
mich; / sie sind viel stärker als ich.

Psalm 85

Anregungen zur Weiterarbeit

1. Wählen Sie einen Psalm aus, der Sie besonders anspricht und begründen Sie Ihre Wahl.
2. Arbeiten Sie die in M 2 deutlich werdenden Gottesbilder heraus, indem Sie eine Stimmenskulptur bauen. Hilfestellung und Anleitung zur Durchführung der Methode finden Sie auf den Methodenseiten. Bilden Sie dazu Gruppen von max. 6 Personen.
3. Präsentieren Sie sich im Plenum gegenseitig Ihre Stimmenskulpturen und fassen Sie anschließend Ihre Ergebnisse bzgl. des entworfenen Gottesbildes zusammen.
4. Erläutern Sie, inwiefern die Bücher Genesis und Exodus in Korrespondenz zum Psalter stehen.
5. Erklären Sie, welche Funktion die Psalmen haben, wenn ihnen ein „Sitz im Leben" zugesprochen wird.
6. Erläutern Sie, ob und/oder inwiefern die Psalmen als „zeitgemäß" gelten können.
7. Formulieren oder gestalten Sie eigene Psalmen, die Ihrem eigenen Thema und Gottesbild folgen.

2.4 Das Auftreten Gottes im Neuen Testament durch Jesus Christus

M1 Mt 6,7–15: Das Vaterunser (Bergpredigt)

7 Wenn ihr betet, sollt ihr nicht plappern wie die Heiden,
die meinen, sie werden nur erhört, wenn sie viele Worte machen.
8 Macht es nicht wie sie; denn euer Vater weiß, was ihr
braucht, noch ehe ihr ihn bittet.
9 So sollt ihr beten: Unser Vater im Himmel, /
dein Name werde geheiligt,
10 dein Reich komme, /
dein Wille geschehe / wie im Himmel, so auf der Erde.
11 Gib uns heute das Brot, das wir brauchen.
12 Und erlass uns unsere Schulden, /
wie auch wir sie unseren Schuldnern erlassen haben.
13 Und führe uns nicht in Versuchung, /
sondern rette uns vor dem Bösen.
14 Denn wenn ihr den Menschen ihre Verfehlungen vergebt,
dann wird euer himmlischer Vater auch euch vergeben.
15 Wenn ihr aber den Menschen nicht vergebt, dann wird
euch euer Vater eure Verfehlungen auch nicht vergeben.

Wladimir Jegorowitsch Makowski, Die Bergpredigt (1892), Öl auf Leinwand, 54 x 31 cm

M2 Mk 4,30–32: Das Gleichnis vom Senfkorn

30 Er sagte: Womit sollen wir das Reich Gottes vergleichen,
mit welchem Gleichnis sollen wir es beschreiben?
31 Es gleicht einem Senfkorn. Dieses ist das kleinste von
allen Samenkörnern, die man in die Erde sät.
32 Ist es aber gesät, dann geht es auf und wird größer als
alle anderen Gewächse und *treibt* große *Zweige*, sodass *in
seinem Schatten die Vögel des Himmels nisten* können.

Anregungen zur Weiterarbeit

1. Fassen Sie das Vaterunser M 1 inhaltlich zusammen.
2. Erarbeiten Sie die Intention, die Jesus mit diesem Gebet verfolgt.
3. Arbeiten Sie das im Vaterunser vermittelte Gottesbild heraus.
4. Fassen Sie die Hauptaussage des Gleichnisses vom Senfkorn M 2 zusammen.
5. Erläutern Sie, inwiefern das Gleichnis die Botschaft vom Reich Gottes vermittelt und leiten Sie daraus Charakteristika des Reiches Gottes ab.
6. Arbeiten Sie das in M 2 vermittelte Gottesbild heraus.

M3 Joh 1,17–18

17 Denn das Gesetz wurde durch Mose gegeben, die Gnade und die Wahrheit kamen durch Jesus Christus.
18 Niemand hat Gott je gesehen. Der Einzige, der Gott ist und am Herzen des Vaters ruht, er hat Kunde gebracht.

M4 Joh 4,1–15

1 Liebe Brüder, traut nicht jedem Geist, sondern prüft die Geister, ob sie aus Gott sind; denn viele falsche Propheten sind in die Welt hinausgezogen.
2 Daran erkennt ihr den Geist Gottes: Jeder Geist, der bekennt, Jesus Christus sei im Fleisch gekommen, ist aus Gott.
3 Und jeder Geist, der Jesus nicht bekennt, ist nicht aus Gott. Das ist der Geist des Antichrists, über den ihr gehört habt, dass er kommt. Jetzt ist er schon in der Welt.
4 Ihr aber, meine Kinder, seid aus Gott und habt sie besiegt; denn Er, der in euch ist, ist größer als jener, der in der Welt ist.
5 Sie sind aus der Welt; deshalb sprechen sie, wie die Welt spricht, und die Welt hört auf sie.
6 Wir aber sind aus Gott. Wer Gott erkennt, hört auf uns; wer nicht aus Gott ist, hört nicht auf uns. Daran erkennen wir den Geist der Wahrheit und den Geist des Irrtums.
7 Liebe Brüder, wir wollen einander lieben; denn die Liebe ist aus Gott und jeder, der liebt, stammt von Gott und erkennt Gott.
8 Wer nicht liebt, hat Gott nicht erkannt; denn Gott ist die Liebe.
9 Die Liebe Gottes wurde unter uns dadurch offenbart, dass Gott seinen einzigen Sohn in die Welt gesandt hat, damit wir durch ihn leben.
10 Nicht darin besteht die Liebe, dass wir Gott geliebt haben, sondern dass er uns geliebt und seinen Sohn als Sühne für unsere Sünden gesandt hat.
11 Liebe Brüder, wenn Gott uns so geliebt hat, müssen auch wir einander lieben.
12 Niemand hat Gott je geschaut; wenn wir einander lieben, bleibt Gott in uns und seine Liebe ist in uns vollendet.
13 Daran erkennen wir, dass wir in ihm bleiben und er in uns bleibt: Er hat uns von seinem Geist gegeben.
14 Wir haben gesehen und bezeugen, dass der Vater den Sohn gesandt hat als den Retter der Welt.
15 Wer bekennt, dass Jesus der Sohn Gottes ist, in dem bleibt Gott und er bleibt in Gott.

M5 Heinrich Fries: Die Erfüllung alttestamentlicher Offenbarungsinhalte und Offenbarungsbestimmungen

Der *Name Gottes* ist im Alten Testament oft eine Beschreibung Gottes selbst. Der Name bedeutet eine Form der Selbstmitteilung Gottes, also Selbstoffenbarung, er bedeutet zugleich die dem Menschen zugewendete göttliche Nähe und Liebe. Durch die Vermittlung des Namens soll über Jahwe von Seiten der Menschen nicht magisch verfügt werden – durch und mit seinem Namen soll er selbst angerufen und geheiligt werden: „Der Name des Herrn sei gepriesen!" Im Neuen Testament finden wir, dass Jesus das „Im-Namen-Gottes", „Im-Namen-des-Herrn" mit sich selbst, mit seinem Namen identifiziert: „in meinem Namen", „um meines Namens willen", und daran die gleiche Verheißung, die gleiche Macht und das gleiche Schicksal knüpft. Die Substitution des Namens Gottes durch den Namen Jesu dokumentiert und beschreibt auf einprägsame Weise die in Jesus Christus gegebene Erfüllung der Selbsterschließung, der Offenbarung Gottes.
Im Namen Jesu wird im endgültigen und letzten Sinne deutlich, was der Name Gottes von Anfang an meinte, aber nie im vollen Maß und Sinn erfüllte: Gott selbst als gegenwärtige, personale Wirklichkeit, als aufgeschlossenes und kundgegebenes Geheimnis. Im Namen Jesu Christi ist deshalb der Name gegeben, durch den alle gerettet werden (Apg 4,12), der Name, in dem man Gott anrufen, in dem man sich versammeln kann (Mt 18,20), in dem Gott uns erhört und erhören wird: „Alles, um was ihr den Vater in meinem Namen bittet, wird er euch geben" (Joh 16,23). Der Name Jesu wird deshalb zum Namen, der „über alle Namen ist" (Phil 2,9 f.). […] Ähnliches gilt von der Kategorie *Angesicht des Herrn*. Dies ist der Ausdruck der göttlichen Gnade und Huld sowie des offenen Zugangs zu ihr. An dieser Kategorie wird ganz besonders der Charakter des Alten Testamentes als Verheißung offenkundig. Denn nirgendwo wird das Angesicht, das gesucht wird, eigentlich gegenwärtig. Gewiss, es wird gesagt: Ein Lichtglanz ging aus von Mose, von Moses Angesicht, als er vom Berg Sinai stieg (Ex 33,18 ff.; 34,29 ff.). Aber sein Angesicht ist nicht das Angesicht des Herrn, sein Lichtglanz ist nur ein Abglanz der von ihm allein geschauten Offenbarungsherrlichkeit. Bei den Propheten wird dieses Licht zur eschatologischen Größe und Hoffnung (vgl. Jes 60,1 ff.). Im Neuen Testament ist aber Erfüllung geschehen: „Denn Gott, der sprach: Aus Finsternis soll Licht aufleuchten!, er ist in unseren Herzen aufgeleuchtet, damit wir erleuchtet werden zur Erkenntnis des göttlichen Glanzes auf dem Antlitz Christi" (2 Kor 4,6).
Im Angesicht Jesu Christi ist Gottes Doxa aufgeleuchtet, aber nicht wie bei Mose als Widerschein, sondern als Glanz Gottes selbst.

M6 Klaus Berger: Zum Tode Jesu

Gott schenkt, wenn er schenkt, in Fülle und doppelt und dreifach. Nicht die Notwendigkeiten begründen sein Handeln – er ist keinen Zwängen ausgesetzt, noch dazu nicht solchen, die sich Theologen für ihn ausdenken. Aber er nimmt jede Gelegenheit wahr, um es dann doppelt und dreifach zu sagen. So fragt er nicht: War es nötig, sondern: War es möglich? Wie konnte er den Menschen zusätzlich und vielleicht noch eindringlicher sagen, dass er sie liebt? Dieses geschah angesichts des Mordes an Jesus. […] Man kann es auch so sagen: Wäre es nötig gewesen, so hätte Gottes Blick auf den gehorsamen Sohn ihn noch einmal zusätzlich für uns eingenommen. Gottes Sohn war gehorsam und verstand dieses als Dienst zu unseren Gunsten.
Nicht nur das Alte Testament, auch die Religionen der Umwelt kennen den Gedanken, dass das makellose Opfertier oder gar der gerechte Mensch mit seinem Leiden oder seinem Tod durch sein Blut das eigene Leben gibt zugunsten „vieler". Wenn Gott dieses akzeptiert, dann werden die ande-

ren um seinetwillen geschont. Denn den Gerechten und sein Leben liebt Gott. Und ist sein Leben schuldlos genommen, wird dieses gewissermaßen den anderen zugute geschrieben.
Schon 1 Kor 15,3 deutet den Tod Jesu so („... gestorben für unsere Sünden gemäß der Schrift"). Hat also Gott doch gerechnet? Herrscht hier doch die Mechanik, dass das Blut des einen Schuldlosen das Blut und Leben der anderen, Schuldbefleckten, ausgleicht? Immerhin, er ist der Sohn und sein Blut ist nicht das von Böcken und Stieren. Sowohl Paulus als auch der Hebräerbrief sprengen in gleicher Weise an dieser Stelle das Konzept kultischer Regelhaftigkeit und tempelorientierter Gesetzmäßigkeit. Sie ersetzen die kultisch-magische Vorstellung durch die persönlich orientierte der Fürsprache (Interzession). Sowohl nach Röm 8 wie nach Hebr 7 und 9 „sitzt Jesus zur Rechten Gottes" als Erhöhter und tritt für uns ein. Dieses tut er offenbar im Blick und unter Verweis auf seinen Gehorsam bis zum Kreuz. Kein Zweifel: Das vergossene Blut ist das Dokument dieses Gehorsams. Aber Frucht bringt dieses doch erst, indem der Sohn beim Vater für uns eintritt und darauf gewissermaßen verweisen kann. Paulus und der Hebräerbrief haben mit Bedacht dieses Bild der persönlichen Anwaltsrolle Jesu gewählt.
Denn eines steht in der biblischen Religion seit Abraham und Isaak fest: Menschenopfer sind verboten. Der Tod Jesu ist daher in gar keiner Hinsicht ein (gar göttliches) Aufwärmen oder Wieder-ins-Leben-Rufen der längst abgeschafften Kategorie Menschenopfer. Jesu Tod ist nicht kultisch vorgeschrieben oder eingerichtet, sondern Akt gezielter Mordlust. Und sein Blut muss nicht kultische Gegenstände reinigen, sondern, so sagt es Hebr 10, unsere Gewissen. Noch einmal wird deutlich: Die personale Kategorie der Fürsprache macht jeden Zwang, dem sich Gott durch das Opfern des Sohnes ausgesetzt hätte, überflüssig. Hier gilt eben nicht der rituell festgelegte Zwang, sondern die freie Fürsprache des Sohnes, der sich unschuldig und Gott lieb, wie er ist, zusätzlich für uns vor Gott stellt. „Zusätzlich", d.h. über das in der Menschwerdung Gottes uns gegebene Wohlwollen hinaus.

Marc Chagall: Die gelbe Kreuzigung, Öl auf Leinwand (1942), 140 x 101 cm

Anregungen zur Weiterarbeit

1. Erarbeiten Sie die Intention der beiden Zitate M 3 und M 4.
2. Erläutern Sie, wie Jesus in M 3 und M 4 jeweils dargestellt wird.
3. Setzen Sie das Zitat aus dem Johannesevangelium M 3 in Beziehung zum Exodusgeschehen.
4. Arbeiten Sie aus M 3 und M 4 das vermittelte Gottesbild und das Verhältnis Gott – Jesus heraus. Lesen Sie vertiefend M 5 und M 6.

2.5 Biblische Gotteserfahrungen – Zusammenfassung

M1 Thomas Hieke: Viele Dimensionen

Gott ist Gott, kein Mensch, und doch können Menschen von Gott nur in menschlichen Begriffen und Bildern sprechen, weil sie keine andere Vorstellungswelt haben. Wenn der Mensch Anleihen in der Tierwelt nimmt, wie bei den tiergestaltigen Götterfiguren in Ägypten, so ist dies immer auch eine *menschliche* Vorstellung von der Tierwelt. Diese Begrenztheit des Menschen bedingt, dass die elementaren Erfahrungen des Menschen, seine Grundfunktionen und Grundbedürfnisse in die Gottesvorstellungen integriert werden müssen. Beim Glauben an den *einen* Gott (Monotheismus) sind die vielen verschiedenen Erfahrungen und die Verschiedenheit der Menschen (z. B. auch die Dualität von Mann und Frau) in den Gottesvorstellungen wirksam. Vom *einen* Gott kann angemessen nur in einer Vielfalt der Vorstellungen gesprochen werden. „Die Pluralität der Aspekte und Bilder verhindert damit effektiv, dass es vom Einen Gott auch nur ein – oder eben das – Gottesbild gibt." Die biblischen Texte legen sich nicht auf *ein* Bild, auf *eine* sprachliche Metapher fest. In diesem Sinne könnte man auch die Frage Gottes in der Deuterojesajaschrift verstehen: „Mit wem wollt ihr mich vergleichen, neben wen mich stellen?" (Jes 40,18.25; 46,5) Für uns heute bleibt die eschatologische Hoffnung, die der erste Johannesbrief so formuliert: „wir werden sehen, wie er ist" (1 Joh 3,2).

M2 Benk und Weyer-Menkhoff: Keine Vorspiegelung falschen Scheins

Dogmatische Formulierungen, Glaubensbekenntnisse und theologische Traktate erzeugen bei vielen Menschen den Eindruck, als wüssten Theologie und Kirchen im Hinblick auf Gott Bescheid. Dieser Schein trügt. Nicht nur in theologischen Fachtexten, sondern auch im theologischen Alltagsgeschäft, im Gottesdienst und im Religionsunterricht muss mit Nachdruck an die Unverfügbarkeit Gottes erinnert werden. Gott entzieht sich notwendig und unvermeidlich all unseren Vorstellungen und all unseren Versuchen, ihn zu begreifen. „Si (…) comprehendis non est deus", formulierte in diesem Sinn Aurelius Augustinus knapp. „Wenn du begreifst, ist es nicht Gott." Gott lässt sich nicht begreifen, und wer etwas begriffen hat, kann gewiss sein: Gott ist es nicht, was er begreift. Alle unsere Begriffe, Bilder und Vorstellungen sind unangemessen für Gott, wir müssen sie löschen, um die „unheimliche Schwebe zwischen Ja und Nein als den wahren und einzigen festen Punkt" unserer Rede von Gott wiederzugewinnen. Christliche Glaubens- und Hoffnungssätze sind nichts anderes als hilflose Versuche, zur Sprache zu bringen, was sich jedem angemessenen Ausdruck entzieht.

Anregungen zur Weiterarbeit

1. Fassen Sie die Thesen Hiekes M 1 zusammen.
2. Untersuchen Sie aufgrund Ihrer erarbeiteten Ergebnisse zu diesem Kapitel, ob es auch unpassende Metaphern für Gott gibt. Setzen Sie sich mit diesen kritisch auseinander.
3. Überprüfen Sie auf Grundlage Ihrer in diesem Kapitel gewonnenen Erkenntnisse die Aussage, dass sich die biblischen Texte bzgl. Gott nicht auf ein Bild, eine Metapher festlegen.
4. Fassen Sie die Thesen von Benk/Weyer-Menkhoff M 2 zusammen.
5. Setzen Sie sich mit den Thesen beider Autoren auseinander, indem Sie Ihre Ansichten in einem Brief an die Autoren formulieren.

3 Warum, Gott? – Gott als Herausforderung erfahren

Die Gotteserfahrungen der Bibel zeigen einen Gott, der sich für Menschen einsetzt, sie befreit, sich ihrer annimmt. Doch wir lernen auch einen Gott kennen, der z. B. den Tod der Ägypter in Kauf nimmt, um die Israeliten zu retten, der Plagen schickt, um dem Pharao zu schaden. Viele Menschen fragen sich, gerade auch im Angesicht von Leiderfahrungen: Warum, Gott?
In diesem Kapitel erarbeiten Sie die „andere" Seite Gottes: Es geht um die dunkle Seite Gottes, um herausfordernde Gotteserfahrungen.

3.1 Der „dunkle" Gott

M1 Der Zorn Gottes im Alten Testament

Gen 3,11 ff.: Der Fall des Menschen

11 Hast du von dem Baum gegessen, von dem zu essen ich dir verboten habe?

12 Adam antwortete: Die Frau, die du mir beigesellt hast, sie hat mir von dem Baum gegeben und so habe ich gegessen.

13 Gott, der Herr, sprach zu der Frau: Was hast du da getan? Die Frau antwortete: Die Schlange hat mich verführt und so habe ich gegessen.

14 Da sprach Gott, der Herr, zur Schlange: Weil du das getan hast, bist du verflucht /
unter allem Vieh und allen Tieren des Feldes. / Auf dem Bauch sollst du kriechen / und Staub fressen alle Tage deines Lebens.

15 Feindschaft setze ich zwischen dich und die Frau, / zwischen deinen Nachwuchs und ihren Nachwuchs. / Er trifft dich am Kopf / und du triffst ihn an der Ferse.

16 Zur Frau sprach er: Viel Mühsal bereite ich dir, sooft du schwanger wirst. /
Unter Schmerzen gebierst du Kinder. / Du hast Verlangen nach deinem Mann; / er aber wird über dich herrschen.

17 Zu Adam sprach er: Weil du auf deine Frau gehört und von dem Baum gegessen hast, von dem zu essen ich dir verboten hatte: So ist verflucht der Ackerboden deinetwegen. / Unter Mühsal wirst du von ihm essen / alle Tage deines Lebens.

18 Dornen und Disteln lässt er dir wachsen /
und die Pflanzen des Feldes musst du essen.

19 Im Schweiße deines Angesichts /
sollst du dein Brot essen, / bis du zurückkehrst zum Ackerboden; / von ihm bist du ja genommen. / Denn Staub bist du, zum Staub musst du zurück.

Ex 11,4–7: Die Androhung der 10. Plage

4 Mose sagte: So spricht Jahwe: Um Mitternacht will ich mitten durch Ägypten gehen.

5 Dann wird jeder Erstgeborene in Ägypten sterben, vom Erstgeborenen des Pharao, der auf dem Thron sitzt, bis zum Erstgeborenen der Magd an der Handmühle und bis zu den Erstlingen unter dem Vieh.

6 Geschrei wird sich in ganz Ägypten erheben, so groß, wie es keines je gegeben hat oder geben wird.

7 Doch gegen keinen der Israeliten wird auch nur ein Hund die Zähne fletschen, weder gegen Mensch noch Vieh; denn ihr sollt wissen, dass Jahwe zwischen Ägypten und Israel einen Unterschied macht.

Ex 14,26–31: Die Rettung am Schilfmeer

26 Darauf sprach der Herr zu Mose: Streck deine Hand über das Meer, damit das Wasser zurückflutet und den Ägypter, seine Wagen und Reiter, zudeckt.

27 Mose streckte seine Hand über das Meer und gegen Morgen flutete das Meer an seinen alten Platz zurück, während die Ägypter auf der Flucht ihm entgegenliefen. So trieb der Herr die Ägypter mitten ins Meer.

28 Das Wasser kehrte zurück und bedeckte Wagen und Reiter, die ganze Streitmacht des Pharao, die den Israeliten ins Meer nachgezogen war. Nicht ein Einziger von ihnen blieb übrig.

29 Die Israeliten aber waren auf trockenem Boden mitten durch das Meer gezogen, während rechts und links von ihnen das Wasser wie eine Mauer stand.

30 So rettete der Herr an jenem Tag Israel aus der Hand der Ägypter. Israel sah die Ägypter tot am Strand liegen.

31 Als Israel sah, dass der Herr mit mächtiger Hand an den Ägyptern gehandelt hatte, fürchtete das Volk den Herrn. Sie glaubten an den Herrn und an Mose, seinen Knecht.

Ex 32,7–10: Verehrung des goldenen Kalbes

7 Da sprach der Herr zu Mose: Geh, steig hinunter, denn dein Volk, das du aus Ägypten heraufgeführt hast, läuft ins Verderben.

8 Schnell sind sie von dem Weg abgewichen, den ich ihnen vorgeschrieben habe. Sie haben sich ein Kalb aus Metall gegossen und werfen sich vor ihm zu Boden. Sie bringen ihm Schlachtopfer dar und sagen: Das sind deine Götter, Israel, die dich aus Ägypten heraufgeführt haben.

9 Weiter sprach der Herr zu Mose: Ich habe dieses Volk durchschaut: Ein störrisches Volk ist es.

10 Jetzt lass mich, damit mein Zorn gegen sie entbrennt und sie verzehrt. Dich aber will ich zu einem großen Volk machen.

M 2 Karl-Josef Kuschel über die dunkle Seite Gottes (Ausschnitt aus einem Interview mit Publik-Forum)

Publik-Forum: [...] was ist das für ein Gottesbild? Ein Gott, der seine Schöpfung vernichtet!
Kuschel: Das ist ein ungeheuer lebendiges Gottesbild.
Publik-Forum: Das ist ein brutales Gottesbild.
Kuschel: Ich gebrauche das Wort „lebendig" bewusst. Denn zum Leben gehören die Harmonie, der Friede, die Liebe genauso dazu wie der Hass, die Vernichtung, die Gewalt. In der Tat: Die Hebräische Bibel konfrontiert uns mit einem Gott, der sich vor Zorn selbst vergessen kann und seine Schöpfung vernichtet; einem Gott, der sich sogar nach der Vernichtung den Bogen in die Wolken setzen muss, um sich an seinen Bund mit der Schöpfung zu erinnern. Die Hebräische Bibel konfrontiert uns nicht nur mit einem Harmonie-Gott, sondern mit einem Gott, der alle Reaktionsmöglichkeiten zeigt: von Verliebtheit in seine Schöpfung bis zum Hass auf seine Schöpfung.

M 3 William Blake: Gott straft Adam (1795)

43,2 x 53,5 cm, Kupferstich aquarelliert

Anregungen zur Weiterarbeit

1. Nennen Sie die Formulierungen und Elemente aus M 1, die den Zorn Gottes deutlich werden lassen.
2. Fassen Sie die in den Bibelstellen M 1 vermittelte Atmosphäre mittels eines Stimmungsbildes zusammen.
3. Arbeiten Sie die Gründe heraus, die Gott zu diesem Auftreten veranlassen.
4. Fassen Sie die Gedanken Kuschels M 2 kurz zusammen.
5. Begründen Sie ausgehend von Kuschels Antworten, ob und/oder inwiefern der „dunkle" Gott seine Berechtigung hat. Greifen Sie dabei auch auf bereits erarbeitete Ergebnisse zurück.
6. Beschreiben Sie die Darstellung von William Blake „Gott straft Adam" M 3.
7. Nehmen Sie aus der Sicht Adams Stellung zu Gottes Auftreten und Handeln.
8. Setzen Sie sich mit dem „dunklen" Gott kritisch auseinander, indem Sie einen Brief an den zornigen Gott verfassen.

M 4 Ralf Miggelbrink: Das biblische Zeugnis vom Gotteszorn darf nicht verschwiegen werden

Der Zorn Gottes ist ein Tabu. So sehr vermeiden Prediger und Religionslehrer es, über die in der Bibel breit bezeugte Tradition von göttlichem Zorn [...] zu reden [...]. Und in der Tat scheinen die Gegner einer kirchlichen und katechetischen Rede vom zornigen Gott der Bibel zu glauben, dass die Aussage von der Güte und Menschenfreundlichkeit Gottes nur aufrechtzuerhalten sei, wenn sie die anderslautenden biblischen Traditionen ausblenden oder historisieren. Der zornige Gott wird so zu einem Element der Religionsgeschichte.

Dabei findet sich die Gotteszorntradition nicht am Rande der biblischen Überlieferung, sondern in den Texten, die Christen als Worte des Heiligen Geistes bekennen. [...]

Meine Grundhypothese lautet: Anders als bei den Predigern der reinen Güte Gottes vorausgesetzt, bietet uns biblische Rede ganz überwiegend keine Beschreibung, wie Gott selber in seinem eigenen inneren Leben ist. [...]

Das erste, was über die biblische Erfahrungsgeschichte mit dem Gotteszorn zu sagen ist: Gott verursacht Zorn beim Menschen [...]. Der Zorn, den Gott verursacht, hat eine präzise benennbare Ursache. Israel verlässt die Wege Gottes. Immer ist es die Ablehnung jener von Gott gewollten Lebensordnung, die besagt, dass der Mensch sein eigenes Leben bejaht und fördert, wenn er zugleich das aller anderen bejaht und fördert. Das ist der Friede des Exodusgottes, und diese von ihm verheißene, von Menschen zu ergreifende Möglichkeit einander fördernden Lebens passt selten zu dem, was wir an uns erfahren.

[...] Der Mensch erfährt Gottes Pläne als Zumutung, gegen die er sich wehren will. Mit ihrer Rede vom zornigen Gott bringen die Propheten zum Ausdruck, dass Gottes inspirierende Kraft im Menschen sich gegen eine Menschheit stellt, die nicht dem Weg des Friedens folgt. Gott verheißt nicht irgendeinen Frieden und nicht irgendein Heil, sondern seinen Frieden und sein Heil. Beides steht im Widerspruch zu dem, was der Mensch von sich aus in sich vorfindet. Gottes Willen, sein Heil und seinen Frieden gegen diesen menschlichen Widerstand durchzusetzen, ist der Ursprung all dessen, was der Mensch als Gotteszorn empfindet.

Zunächst wird der zornige Gott dort als anstiftende und inspirierende Kraft erfahren, wo ein Mensch in der Tradition der Propheten solche Menschen und Strukturen bekämpft, die sich der von Gott gewollten Lebensordnung entgegenstellen. [...]

Gottes Zorn kann aber auch durchlitten werden als Gottes Widerstand gegen die eigene Unwilligkeit oder Unfähigkeit, sich seiner Lebensordnung zu öffnen.

Alle theologischen Aussagen bleiben ambivalent und missbrauchsgefährdet. Auch die Rede vom Gotteszorn. Die Bibel beugt einem solchen Missbrauch gerade durch ihre Vielstimmigkeit vor, in der sie gegensätzliche Aussagen über Gott nebeneinander stellt. [...]

In den Szenarien der Apokalyptik des Alten und Neuen Testaments ist die Rede vom zornigen Gott sehr bestimmend. Zorn bedeutet in diesem Zusammenhang die von Gott zugelassene innergeschichtliche Dynamik des Bösen. Ihr sind die Gerechten wie die Sünder gleichermaßen ausgeliefert, allerdings ist den Gerechten das endgültige Entkommen aus der moralischen Katastrophe und ihren Folgen verheißen.

[...] Gottes Zorn als sein ‚Nein' zu der Welt, so wie sie ist, ist ummantelt von einer bis zur Selbstaufgabe bereiten Liebe. Diese Liebe speist sich aus der Überfülle der göttlichen Macht, aus dem Tod das Leben zu erwecken.

Wenn man die dramatische Biographie Jesu in eine objektivistische Heilsgeschichte übersetzt, so kommt man zu dem Schluss, vor Christus habe es eine Zeit des Zornes gegeben, nach Jesus sei Gott aber objektiv versöhnt. Sein Zorn sei nun nicht mehr zu fürchten. Eine solch objektivistische heilsgeschichtliche Sicht arbeitet mit der Vorstellung, es habe in Gott selber eine Änderung der Einstellung gegenüber den Menschen gegeben. Ursächlich für diese Einstellungsänderung sei der Tod Jesu. Wer so argumentiert, projiziert ein heidnisches Opferverständnis auf den Tod Jesu. Mit Recht erhebt sich hier der Protest der Theologen: Der Gott Jesu Christi, der barmherzig mit dem Sünder ist, lässt sich für diese Barmherzigkeit nicht mit einem unmenschlichen Tod bezahlen. Dem Freund des Lebens kann der Foltertod nicht gefallen. Statt dessen schlage ich vor, den Tod Jesu als eine menschheitsgeschichtlich bedeutsame Tat aus dem Glauben an die überragende Lebensmacht Gottes heraus zu denken. [...]

So wird die Rede vom Zorn Gottes durch eine modernisierte Rede von der Gnade als Gottes Leben überwunden. Doch diese Überwindung ist auch beim Gläubigen keine heilsgeschichtlich objektive, sondern eine existenzielle, je und je neu zu gewinnende. Wer sich auf Jesus einlässt, durchlebt und durchleidet in seinem eigenen Glaubensweg den Übergang vom Zorn zur Gnade. [...] Der anfängliche Zorn auf die Sünder wird so auch im Leben des Christen umfasst von Mitleid und Erbarmen mit den Sündern. Doch deswegen hört dieser Zorn nicht auf, ein kraftvolles und leidenschaftliches Nein gegen eine Welt des Neides, der Konkurrenz und der Gewalt zu sein.

Der Zorn wird aufgehoben. Was aber aufgehoben ist, besteht verwandelt in einem größeren Zusammenhang weiter. Auch wo Christen erfüllt sind von Gnade und Erbarmen, wo sie durchdrungen sind von dem Glauben an die größere Lebensmacht Gottes, die alle menschliche Tötungswelt überwindet, wird sich daraus nicht ergeben, dass sie die Mörder bei ihrem Handwerk begütigend segnen, die Ausbeuter trösten und die Depressionen derjenigen lindern, deren Lebenssinn bei der ausschließlichen Beschäftigung mit Dividenden und Profiten verlorengegangen ist. Auch der tief vom Glauben durchdrungene Christ verschweigt nicht, dass Gott mit seiner Lebensmacht gegen alles steht, was seinem Friedensweg widerspricht. [...]

Es gibt in dieser Welt kein gelingendes, glückliches, von Gottes Lebenskraft durchwaltetes Leben außer auf dem Weg seines Friedens. Was der Schöpfungsordnung Gottes widerspricht, geht unter Schmerzen zugrunde. [...] [D]er Zorn Gottes [ist] ein Begriff politischen Handelns [...]. Mit ihm agieren Christen gegen das, was der von Gott her stammenden Lebensordnung widerspricht. Mit ihm werden sie ihrer Verpflichtung zur Wahrheit gerecht. Dem Einzelnen aber gilt Gottes grenzenlos gnädige Einladung, sich mit ihm einzulassen auf den Weg des Friedens. Denn anders als die

Mächte des Todes, denen Gottes Kampf gilt, ist Gott in seinem Wesen grenzenlose Lebendigkeit, die sich großzügig mitteilt in einer Gnade, […] „teure Gnade", die das Leben des Menschen verwandelt und die so bisweilen erscheint, als wäre sie nicht Gnade, sondern Zorn.

Anregungen zur Weiterarbeit

1. Fassen Sie die Thesen Miggelbrinks M 4 zusammen.
2. Erläutern Sie, inwiefern Miggelbrink für das Thematisieren des „dunklen" Gottes argumentiert.
3. Interpretieren Sie auf dieser Basis die Abbildung.
4. Nehmen Sie begründet dazu Stellung, inwiefern der „dunkle" Gott nötig für den Glauben ist.

3.2 Warum lässt Gott das Leid zu? – Theodizee(frage)

M1 Leiderfahrungen

Anregungen zur Weiterarbeit

1. Beschreiben Sie die dargestellten Formen von Leid.
2. Gestalten Sie ein Bild von Leid, das Sie am meisten bewegt.
3. Setzen Sie sich mit der Frage „Warum lässt Gott das Leid zu?" auseinander, indem Sie in Kleingruppen Schreibgespräche führen. Hilfestellung für die Durchführung dieser Methode finden Sie auf den Methodenseiten. Kommen Sie anschließend im Plenum ins Gespräch und versuchen Sie, eine Antwort auf diese Frage zu geben.

M 2 Verloren und verwirrt

Anregungen zur Weiterarbeit

1. Beschreiben Sie das Bild M 2.
2. Interpretieren Sie das Bild im Hinblick auf die Auseinandersetzung mit der Frage „Warum lässt Gott das Leid zu?“.
3. Gestalten Sie eine eigene Darstellung, in der deutlich wird, wie Menschen reagieren, denken, fühlen, handeln etc., wenn sie mit dem Thema Leid konfrontiert werden und Lösungsansätze für sich finden wollen.

M 3 Hans Kessler: Theodizee und Theodizeefrage

Der Begriff ‚Theodizee' ist ein Einfall der Neuzeit. Leibniz hat ihn (1697) gebildet. Das Kunstwort „Theodizee" bedeutet wörtlich übersetzt „Rechtfertigung Gottes" („Freispruch für Gott"), zu ergänzen ist: angesichts der Übel und Leiden in der Welt. Strenggenommen ist eine Theodizee der Versuch, Gott in einer Art Gerichtsprozess vor den Richterstuhl der menschlichen Vernunft zu ziehen und ihn vor diesem Forum rational zu rechtfertigen gegen den Vorwurf, er sei für die Übel in der Welt, seiner Schöpfung, verantwortlich. Dabei ist die Vernunft Anklägerin, Verteidigerin und Richterin zugleich, alles drei in einem. Es geht also um die sich autonom setzende menschliche Vernunft selber, um ihre eigene Selbstvergewisserung: Indem sie das größte der Welträtsel einer vernünftigen Einsicht zuzuführen unternimmt, sich sie ihre eigene Macht und Reichweite zu erweisen. […]

Noch viel älter und ursprünglicher als Theodizeen und theodizee-ähnliche Versuche ist die existentielle Frage Leidender nach Gott und an Gott, die Theodizee-*Frage* (wie man sie kurz nennen kann). Sie bewegt sich auf einer anderen Ebene. Es ist die Ebene ureigener Erfahrung von großer Not und unbegreiflichem Leid, die sich in *Klage*, *Anklage*, *Protest* und im emotionsgeladenen Schrei ausdrückt: „Warum?" […]
Die Theodizee*frage* ist eine Frage vor Gott und an Gott: Sie schiebt die ganze ungelöste Not ihm hin. Sie rechtfertigt Gott nicht, sondern rechtet mit ihm, so, dass die Beziehung zu Gott selbst auf dem Spiel steht und verhandelt wird. Sie spricht Gott nicht frei, sondern behaftet ihn beim Leid seiner Schöpfung. Nicht wir können Gott vernünftig rechtfertigen; wenn schon, dann muss er sich selber rechtfertigen. So verstanden geht es bei der Theodizeefrage – um J. B. Metz zu zitieren – *„nicht*, wie das Wort und die Wortgeschichte insinuieren mögen, um den *Versuch einer verspäteten*, einer gewissermaßen trotzigen *‚Rechtfertigung Gottes'* durch die Theologie angesichts der Übel, Leiden und des Bösen in der Welt. Es geht *vielmehr* – und zwar ausschließlich – um die *Frage, wie denn überhaupt von Gott zu reden sei angesichts der abgründigen Leidensgeschichte der Welt, ‚seiner' Welt."*

M 4 Josef Hoffmann: Ist Gott allmächtig?

Josef Hoffman ist Gymnasiallehrer für Mathematik und Physik.

Wir denken uns Gott größer als alles, was wir uns vorstellen können. Wir denken uns Gott allmächtig. Ist ein Wesen vorstellbar, dem nichts unmöglich ist? Wenn es dieses Wesen gäbe, könnte es dann etwa bestimmen, dass „2 + 2 = 5" ist? Als Mathematiker kann ich das nur verneinen. Und: Könnte dieses Wesen etwa bestimmen, dass Erde und Mond sich nicht mehr anziehen, sondern plötzlich abstoßen? Als Physiker kann ich das nur verneinen. Naturwissenschaftler neigen zu der Auffassung, dass es Naturgesetze und Grundregeln der Logik gibt, die gültig und verlässlich sind und nicht nach Belieben von einem höheren Wesen ausgehebelt werden.
Vielleicht kommen wir zu einer zufriedenstellenden Antwort, wenn wir das Wort „all-mächtig" nicht mit Macht (können), sondern mit dem Wort „Mächtigkeit" (beinhalten) in Verbindung bringen. In der Mathematik gibt die Mächtigkeit an, wie umfangreich eine Menge ist. Das Wort „allmächtig" würde in dieser Sprechweise „allumfassend" bedeuten. Wir erhalten also die Aussage: „Gott ist all-umfassend." Gott beinhaltet alles, was wir uns vorstellen können: das gesamte All.
Ein solches Bekenntnis ist angemessen, um Gott zu beschreiben. Es gerät nicht in Widerspruch zur Logik und zu den Naturwissenschaften. Und es erübrigt die immer wieder im Zusammenhang mit schrecklichen Unglücken und Katastrophen gestellte Frage nach dem großen Warum. Es gibt keine All-Macht, die dafür verantwortlich sein könnte.

Anregungen zur Weiterarbeit

1. Fassen Sie die Informationen zu den Begriffen „Theodizee" und „Theodizeefrage" (M 3) in einer Definition zusammen.
2. Setzen Sie sich mit dem durch die Theodizeefrage entstehenden Gottesbild auseinander..
3. Ziehen Sie daraus Konsequenzen für das Verhältnis Gott – Mensch.
4. Stellen Sie den Gedankengang Hoffmanns M 4 dar.
5. Erläutern Sie anhand der Ausführungen Bergers M 5 die Bedeutung der Allmacht Gottes (im biblischen Kontext).
6. Erläutern Sie, inwiefern Hoffmanns und Bergers Positionen zu einer befriedigenden Antwort der Theodizeefrage beitragen können.
7. Nehmen Sie zu der Argumentation Stellung.

M5 Klaus Berger: Ist Gott allmächtig?

„Wenn Gott allmächtig ist und gut, wenn er Gott ist, warum lässt er dann die Menschen elend sterben und leiden?" So hört man es oft. Mir scheint, als sei dieses Problem auch ein hausgemachtes. Denn hier rächen sich leichtfertig und unverstanden gebrauchte Formeln. Gemeint ist die Rede vom einfachhin „guten" und die vom „allmächtigen" Gott.
Viele Glaubensbekenntnisse der Kirchen sprechen es aus: „Ich glaube an Gott, den Vater, den Allmächtigen", und in vielen Katechismen steht unter der Rubrik „Eigenschaften Gottes", Gott sei allmächtig, allwissend und allgegenwärtig. Die Aussagen werden in der Anwendung auf die Lektüre der Bibel sehr leicht missverstanden oder sie führen dazu, dass man angesichts eines solchen Gottesbildes die Erzählungen der Bibel überhaupt nicht mehr versteht. Immer wieder erheben sich dann Fragen wie diese: „Wenn Gott sowieso schon wusste, was die Menschen tun würden, warum hat er sie dann erst erschaffen?" oder: „Wenn Gott allmächtig war, warum hat er dann nicht eine bessere Welt erschaffen, in der die Menschen nicht sündigen konnten?"
In Wahrheit nehmen die traditionellen All-Aussagen, angewandt auf Bibel-Lektüre, Gott jede Personhaftigkeit und jeden Eigensinn, sie machen ihn zu einem Prinzip ohne Leben und vor allem zu einem Abstraktum, zu dem man nicht beten kann.
Diese All-Aussagen mögen ihren Sinn in spekulativer Dogmatik haben oder gehabt haben. Sie sind und bleiben damit begrenzte menschliche Aussagen über Gott. Sie sind verführerisch, weil sie sich in der Beschreibung der Hoheit Gottes „nicht genug tun können". Aber eigenartigerweise versperren sie gerade in dieser Eigenschaft wesentliche Zugänge zum jüdisch-christlichen Gottesbild. Nicht dass Gott unvollkommener wäre – er ist geheimnisvoller und eigenwilliger, als diese Formeln es vermuten lassen. Vor allem aber kann man nicht mit Hilfe dieser Sätze Beliebiges aus dem Gottesbegriff „von vornherein ableiten" (deduzieren).
Es kommt jedoch darauf an, genau zu erfassen, was mit diesen Aussagen gemeint ist. Ein Blick in einen Bibelkonkordanz zeigt nämlich bereits, dass das Neue Testament große Scheu gegenüber dem Wort „allmächtig, Allmächtiger" (griechisch: *pantokrator*) hat. Das hebräische Alte Testament hat überhaupt keine sinngemäße Entsprechung zu diesem Wort; die griechische Bibel übersetzt zwar zumeist „Gott der Heerscharen" (Luther: „Herr Zebaoth") mit „Allherrscher", aber auch das bedeutet nicht Allmacht im Sinne des deutschen Wortes.
Vor allem ist wichtig, dass das Wort, auf Gott angewandt, im *Neuen Testament* außer in 2 Korinther 6,18 nur in den Märtyrertexten der Offenbarung des Johannes vorkommt. Gegenüber dem römischen Kaiser wird für Gott die Allmacht beansprucht, ein Attribut, das für Herrscher gerade nicht nachweisbar ist. Und dieses Wort bedeutet hier wie auch in der griechischen Bibel: Gott erhebt einen alleinigen Rechtsanspruch, er besitzt ein Gewaltmonopol und ist der jeweils Überlegene. Was mit dem Ausdruck nicht gemeint ist, hat schon 1942 W. Michaelis gesagt: Es geht nicht um die Schöpfer- und Allwirksamkeit Gottes. Erst zur Zeit der Kirchenväter wird das Wort Ausdruck des universalen Charakters des Christentums, das alle Völker umfasst. Auch hier bezieht sich das Wort noch nicht auf das Schöpfungsregiment und die Lenkung der Weltgeschichte. Ausdrücklich und mit Recht sagt Michaelis: „Die Deutung *der Macht hat über das All* liegt jedoch fern."

M6 Armin Kreiner: Die Preisgabe der Allmacht

Wenn Gott [...] tatsächlich allmächtig und gütig ist, dann dürfte es eigentlich nicht jenes Ausmaß an Leid in unserer Welt geben, das wir faktisch vorfinden. Denn ein allmächtiger Gott würde es verhindern wollen. Da es aber dennoch Leid gibt, folgern Atheisten, dass Gott ebenso wenig existieren kann wie eine geometrische Figur, die zugleich quadratisch und kreisrund sein soll. Es gibt verschiedene Möglichkeiten, einen Widerspruch aufzulösen. Die naheliegendste Möglichkeit besteht darin, eine der Behauptungen aufzugeben, aus denen sich der Widerspruch ergibt. Da der Widerspruch, in den das Leidproblem führt, aus drei Behauptungen besteht, kommen zu diesem Zweck auch genau diese drei Behauptungen in Frage. Entweder bestreitet man also die Allmacht Gottes. Oder man gibt den Glauben an Gottes Güte auf. Oder aber man versucht die Existenz von Übel und Leid zu leugnen.
Die Existenz des Leids zu bestreiten, stellt zweifellos den unglaubwürdigsten Ausweg dar. Wenn irgendetwas in dieser Welt gewiss ist, dann die Tatsache, dass wir selbst Leid empfinden können. Philosophen sagen uns, dass sich all unsere Wahrnehmungen letzten Endes als Illusionen herausstellen könnten. Kaum jemand geht aber allen Ernstes davon aus, dass dies auch wirklich der Fall sein wird. Aber selbst wenn es der Fall sein sollte, so würden unsere Empfindungen von Hunger, Schmerzen, Verzweiflung oder Trauer eine Ausnahme bilden. Selbst die sogenannten „eingebildeten" Schmerzen werden (im Gegensatz zu vorgetäuschten) wirklich empfunden. Als Empfindungen sind sie wirklich. Auch unsere Wahrnehmungen vom Leid anderer Lebewesen sind noch so verlässlich, dass wir die Existenz des Leids (außerhalb philosophischer Seminare) nicht bezweifeln können, ohne in den Verdacht zu geraten, nicht ganz bei Trost zu sein.
Wie steht es mit der Preisgabe der Güte Gottes? Eröffnet sie einen Ausweg, der mehr Erfolg verspricht? Es gibt in der Tat mehrere Versuche, das Böse, das Zerstörerische und das Dämonische als Aspekte des göttlichen Wesens zu begreifen. Alles in allem sind diese Versuche wohl auch ernster zu nehmen als die Bestreitung des Leids. Man sollte sie freilich auch nicht allzu ernst nehmen. Güte und Barmherzigkeit sind Merkmale der sittlichen Vollkommenheit. Als solche werden sie Gott nicht zufällig zugesprochen. Sie sind untrennbar mit unserem Gottesbegriff und unserer Gottesverehrung verbunden. In der Religionsgeschichte ist eine klare Unterscheidung zwischen dem Göttlichen und dem Dämonischen nicht von Anfang an zu erkennen. Diese Unterscheidung hat sich erst allmählich angebahnt und durchgesetzt. Von diesem Zeitpunkt an dürfte aber wohl kein Weg mehr zurückführen. Versuchen wir uns einmal vorzustellen, dass das Zerstörerische und Dämonische tatsächlich Aspekte Gottes wären. Hätten wir dann noch einen Grund, Gott von ganzem Herzen zu lieben und ihn zu verehren? Bestünde noch Anlass, ihm restlos zu vertrauen und unsere ganze Hoffnung

auf ihn zu setzen? Könnten wir dieses Wesen sinnvollerweise noch „Gott" nennen? Wären wir in der Lage, in ihm den Vater Jesu Christi wiederzuerkennen? […]
Wenn Gott tatsächlich nicht allmächtig wäre, scheint das Leidproblem gelöst zu sein. Die Existenz des Leids stellt dann nämlich keinen Widerspruch mehr zur Behauptung eines gütigen (aber nicht allmächtigen) Gottes dar. Zu glauben, dass Gott in seiner Güte das Leid verhindern will, dies aber aufgrund seiner Ohnmacht nicht vermag, wäre keinesfalls widersprüchlich. […]

Anregungen zur Weiterarbeit

1. Fassen Sie die Überlegungen Kreiners M 6 in einem aussagekräftigen Schaubild zusammen.
2. Setzen Sie sich mit den Gedanken Kreiners kritisch auseinander. Fügen Sie auch diese Gedanken in das Schaubild ein.

M7 Hans Kessler: Praktische Anthropodizee

Neuzeitlicher Atheismus verwandelt das Theodizeeproblem in *praktische Anthropodizee ohne Gott*. Angesichts der irdischen Übel will er den Menschen (statt Gott) in sein Recht einsetzen – durch Destruktion des projizierten Himmels und Etablierung des Diesseits, d.h. durch Aufdeckung der realen Ursachen der Leiden und deren Abschaffung aus eigener Kraft. So liegt nun, da Gott als bloßer Schein entlarvt scheint, alle Verantwortung auf dem Menschen allein. Angesichts des Leids in der Welt wird er selbst zum Angeklagten und zum Ankläger: Rechtfertigung des Menschen, Anthropodizee, wird nötig.
Doch schon in Büchners „Leonce und Lena" artikuliert Lena das Erschrecken nach dem Verlust Gottes, den „Leere-Schrecken" (Martin Walser), mit den paradoxen Worten: „Mein Gott, mein Gott, ist es denn wahr, dass wir uns selbst erlösen müssen mit unserem Schmerz?" Das Jenseits scheint destruiert, doch die Leiden des Diesseits sind geblieben, ja, die Leiden von Menschen und von Tieren (Massenmorde, Massentierquälerei usw.) scheinen sich verschärft zu haben. Wer soll nun die Verantwortung für all diese Leiden übernehmen? Die Natur-Evolution? Der Mensch? Da er überfordert ist, entwickelt er Entschuldigungsmechanismen und Schuldzuweisungen an die jeweils anderen. Auch greift Verdrängung fremden und eigenen Leids (mit Verlust an Lebens- und Liebesintensität als Folge) und Vergessen der Vergangenen um sich. Was ist mit den nicht wiedergutgemachten Leiden der Vergangenen, was mit dem von uns nicht wiedergutmachbaren Unrecht an den jetzt Toten? Heutige und künftige soziale humane Praxis erreicht *sie* nicht mehr. Und was ist mit den Nachkommenden, denen der um sich greifende asoziale Lebensstil gerade Leid-Hypotheken wie nie zuvor auflädt?

M8 Hans Kessler: Die Übel als Straf-Folge von Adams Sündenfall

Mit diesem Ansatz will Augustinus […] eine spezifisch bibeltheologische Erklärung der Übel und Leiden geben. Nach der damals üblichen, naiv historisierenden Auslegung der Paradieserzählung (Gen 2–3) ist die Schöpfung, auch die belebte Schöpfung der Tierwelt, ursprünglich leidlos gewesen; erst die Ursünde – der Missbrauch des gottgegebenen freien Willens durch „Adam" – habe den Verlust des leidfreien paradiesischen Urstands bewirkt, und zwar nicht nur für den Täter Adam, sondern für seine gesamte Nachkommenschaft. So sieht es die ziemlich allgemeine altkirchliche Lehre, die Augustin aufgreift und seit 396 in die von ihm erfundene Idee einer durch Zeugung und Vererbung weitergegebenen Erbsünde und Erbschuld transformiert hat, die dann in modifizierter Form in den lateinischen Westkirchen Aufnahme fand. (Nicht zuletzt das Leiden der Kinder hatte Augustinus zum Erbsündentheorem geführt; seines Erachtens würden die Ängste und Leiden der Kinder, wären sie ohne Sünde, beweisen, dass es keinen gerechten und allmächtigen Gott gebe.)
Der altkirchliche und augustinische Gedanke reicht aber noch weiter, er bezieht auch die außermenschliche Schöpfung ein. In Röm 8,20 las man nämlich: „der Vergeblichkeit wurde die Schöpfung unterworfen, nicht freiwillig, sondern durch den, der sie unterwarf". Unter dem Eindruck dieser unklaren Stelle nahm man an, dass durch die Ursünde Adams auch die Leiden der Tiere verursacht seien. Das war plausibel, solange man die Schöpfungstexte in Gen 1–3 historisierend las (d.h. als reale Anfangsgeschichte mit Adam als Individuum), solange man also von einer fertigen Schöpfung und der Konstanz der Arten ausging und einen paradiesisch leidfreien Urstand annahm. So lange konnte man sich – mit gewissen Schwierigkeiten – auch das Leiden der Tiere (Gequält- und Gefressenwerden) als Folge von Adams Fall erklären, eine Erklärung, die in einer evolutiven Weltsicht nicht mehr haltbar ist.
Während Hiob es gewagt hatte, sein Leid Gott anzulasten, wird nun mit dieser (erb-)sündentheoretischen Leid-Erklärung der Schöpfer entlastet zu Lasten des – doch eigentlich gut geschaffenen – Menschen: Adam ist an allem schuld. Eine moralische Engführung: Der Mensch allein ist die Quelle und Ursache des moralischen Übels, des Bösen und durch dieses ist er auch die Ursache für die anderen Übel in der Schöpfung, also auch für die Grausamkeiten und Qualen in der außermenschlichen Natur. Nicht Gott, sondern einzig der sündig gewordene Mensch allein trägt die Verantwortung für eine vom Leid zerrissene Schöpfung.

M9 Hans Kessler: Das Übel und das Böse als bloßer Mangel an Gutem

Schon Platon (427–347) hatte erklärt: „Vom Schlechten muss man irgendwelche andere Ursachen aufsuchen, nicht aber die Gottheit." Seine Lösung: Die Gottheit formte die Welt aus einer schon vorausgesetzten Materie, die, weil mangelhaft, nur eine unvollkommene Gestalt der Welt zuließ. Für den Neuplatoniker Plotin (205–270) war dann die Materie der Inbegriff des Schlechten und Bösen. Dem musste der

nach Johann Elias Ridinger, Die Erschaffung Adams

christliche Augustinus widersprechen. Nun hatte Plotin aber, in Spannung zu seiner erwähnten Sicht, das Böse zugleich als bloße Privation (= Beraubung, Mangel) bezeichnet. Hier konnte Augustinus anknüpfen und das Übel ontologisch depotenzieren:
Was ist, ist insoweit auch gut. Das Malum, und zwar das physisch Schlechte wie das moralisch Böse, ist nichts Substantielles, denn sonst wäre es ja gut. Es ist vielmehr „nur ein Mangel an Gutem (privatio boni), bis dahin, dass es überhaupt nicht ist". Es hat keine eigene Substanz, ist nur die durch Gutes im Dasein gehaltene Nichtigkeit. Und je schlechter und böser es wird, desto mehr wird es selber zum Nichts. Demnach wäre das Malum nicht nur etwas, das nicht sein *soll*, sondern etwas, das wesenhaft nicht *ist*: „beinahe nichts" (prope nihil). Oder in etwas anderer Lesart: Wo ein Übel erfahren wird, muss es stets an etwas Positivem mangeln, muss es um Fehlen von etwas Positivem gehen.

M10 Josef Wehrle: Theodizee bei G.W. Leibniz

Die Frage nach Gott und dem Leid ist vor allem mit der Leibniz'schen Theodizee verbunden. Leibniz war überzeugt, dass Gott bei seiner Schöpfung unter allen möglichen Welten die Beste erschaffen habe. Das ergebe sich aus dem Wesen Gottes. Gäbe es noch eine bessere Welt, so müsste Gott diese entweder nicht gekannt haben – das widerspräche seiner Allwissenheit –, oder er hätte sie nicht zu schaffen vermocht – das widerspräche seiner Allmacht –, oder er hätte sie nicht gewollt, das wiederum widerspräche seiner Allgüte. Wie kommt es aber dann, dass in dieser vollkommenen aller Welten dennoch so viel Leiden, Unvollkommenheiten und Sünde vorhanden ist? Um der Lösung dieses Problems näher zu kommen, unterscheidet Leibniz drei Arten des Übels, das Metaphysische, das Physische und das Moralische. Das metaphysische Übel besteht in der Endlichkeit unserer Welt. Diese war nicht vermeidbar, wenn Gott eine Welt schaffen sollte. Das physische Übel äußert sich in Leiden und Schmerzen jeglicher Art. Es geht mit Notwendigkeit aus dem Metaphysischen hervor. Geschaffene Wesen sind nur unvollkommen. Deshalb können die ihnen eigenen Empfindungen (Unlust und Leiden) auch nicht vollkommen sein. Und Ähnliches gilt für das moralische Übel: „Ein geschaffenes Wesen muss in seiner Unvollkommenheit notwendig fehlen und sündigen, vor allem wenn ihm Gott die Gabe der Freiheit verliehen hat." Es geht bei der Theodizee also um die Rechtfertigung Gottes hinsichtlich des von ihm in der Welt zugelassenen Übels und Bösen, das man mit dem Glauben an seine Allmacht, Weisheit und Güte in Einklang zu bringen sucht. Ganz konkret stellte sich Leibniz die Frage, wie der Glaube an den allmächtigen und liebenden Gott mit der Erfahrung des Bösen, des Dunklen, des Leides, vereinbart werden kann.

Anregungen zur Weiterarbeit

1. Erarbeiten Sie die Erklärungsversuche zur Theodizeeproblematik M 7 bis M 10, indem Sie ein Gruppenpuzzle durchführen. Hilfestellung zur Durchführung der Methode finden Sie auf den Methodenseiten.
2. Erläutern Sie innerhalb Ihrer Gruppe, ob oder inwiefern die Ansätze einen Beitrag zur Beantwortung der Theodizeefrage leisten.
3. Setzen Sie sich (in Einzelarbeit) mit den Ansätzen auseinander.

M11 Hans Küng: Sinnloses Leid nicht theoretisch verstehen, sondern vertrauend bestehen

Wir kommen um das ernüchternde Eingeständnis nicht herum: Wenn weder eine theologische noch eine antitheologische „Theorie" das Leid erklärt, dann ist eine andere Grundhaltung gefordert. Es ist meine über Jahrzehnte gewachsene Einsicht, zu der ich bisher keine mich überzeugende Alternative gefunden habe: Leid, übergroßes, unschuldiges, sinnloses Leid lässt sich – im individuellen, wie im sozialen Bereich – nicht theoretisch verstehen, sondern nur praktisch bestehen. Für Christen und Juden gibt es auf das Theodizee-Problem nur eine praktische Antwort. Welche? Juden wie Christen mögen in dieser Frage auf verschiedene und doch zusammenhängende Traditionen verweisen:
Im äußersten sinnlosen Leid haben Juden, aber auch Christen die Gestalt des Ijob vor Augen, die zweierlei erkennen lässt: Gott ist und bleibt für den Menschen letztlich unbegreiflich, und doch ist dem Menschen die Möglichkeit geschenkt, diesem unbegreiflichen Gott statt Resignation oder Verzweiflung ein unerschütterliches, unbedingtes Vertrauen entgegenzubringen. Von Ijob her können Menschen darauf vertrauen, dass Gott auch des Menschen Protest gegen das Leid respektiert und sich schließlich doch als sein Schöpfer manifestiert, der ihn vom Leiden erlöst.
Für Christen – und warum schließlich nicht auch für Juden? – scheint im äußersten Leid über die (letztlich doch fiktive) Gestalt des Ijob hinaus die wahrhaft historische Gestalt des leidenden und sterbenden „Gottesknechtes" (vgl. Jes 52,13–53,12), des Schmerzensmannes aus Nazaret, auf. Grünewalds Bild tritt wieder vor uns: Dieses Ausgepeitschtsein und Verhöhntsein, dieses langsame Dahinsterben am Kreuz: Es hat die dreifache furchtbare Erfahrung der Opfer des Holocaust vorausgenommen, jene Erfahrung, dass man von allen Menschen verlassen werden kann, dass man sogar des Menschseins verlustig gehen kann, dass man von Gott selbst aufgegeben werden kann.
Hatte Jesu Tod einen Sinn? Ich antworte nochmals: Nur von der geglaubten Auferweckung Jesu zu neuem Leben durch und mit Gott kann ein „Sinn" in dieses äußerlich sinnlose, gottverlassene Sterben hineinkommen. Nur aufgrund dieses Glaubens ist der zu Gottes ewigem Leben erweckte Gekreuzigte die Einladung, auch bei anscheinend sinnlosem Leid auf einen Sinn zu vertrauen und für sich selber in diesem Leben ein Durchstehen und Durchhalten bis zum Ende einzuüben. Also nicht die Erwartung eines Happy End auf Erden wie in der Rahmengeschichte des Ijob, der am Ende sogar – für die Verlorenen – noch mal sieben Söhne und drei Töchter zeugen kann. Sondern ganz radikal das Angebot, selbst im (zur Not bis zum bitteren Ende durchgestandenen) sinnlosen Leiden einen Sinn zu bejahen. Einen verborgenen Sinn, den der Mensch nicht von sich aus ent-decken, wohl aber im Licht dieses einen von Gott und Menschen Verlassenen und doch Gerechtfertigten geschenkt erhalten kann. Leiden und Hoffnung gehören für die Schrift unlösbar zusammen! Hoffnung auf einen Gott, der sich trotz allem nicht als launisch-apathischer Willkürgott, sondern als Gott der rettenden Liebe erweisen und durchsetzen wird.
Ohne dass also das Leiden verniedlicht, uminterpretiert oder glorifiziert oder auch einfach stoisch, apathisch, gefühllos hingenommen wird, lässt sich vom leidenden Gottesknecht Jesus her erkennen und in oft beinahe verzweifelter Hoffnung in Protest und Gebet bekennen,
dass Gott auch dann noch, wenn das Leiden scheinbar sinnlos ist, verborgen anwesend bleibt; dass Gott uns zwar nicht vor allem Leid, wohl aber in allem Leid bewahrt;
dass wir so, wo immer möglich, Solidarität im Leiden beweisen und es mitzutragen versuchen sollten;
ja, dass wir das Leid so nicht nur ertragen, sondern, wo immer möglich, bekämpfen, bekämpfen weniger im Einzelnen als in den leidverursachenden Strukturen und Verhältnissen.
Ob dies eine leb-bare Antwort ist, die das Leid nicht vergessen, aber verarbeiten hilft, muss jeder, muss jede für sich selbst entscheiden.

Anregungen zur Weiterarbeit

1. Fassen Sie die Thesen Küngs zum Umgang mit dem Leid und der Theodizeefrage zusammen.
2. Untersuchen Sie, inwiefern Küngs Antwortversuch Menschen im Leid hilft, dies zu verstehen und anzunehmen.
3. Nehmen Sie in Form eines Briefes an Küng Stellung zu seinen Gedanken.

M12 Nigar Yardim: Das Leid im Islam

Das Wort Leid erscheint im Koran und der Tradition selten; vielmehr spricht der Koran vom Unrecht (arab. *Zulüm*) und Heimsuchung.
Gott ist der Gerechte, er fügt seinen Geschöpfen kein Unrecht und kein Leid zu, ohne dass sie es selbst verursachen. „Mit dem, was sie (die Ungläubigen) in diesem irdischen Leben ausgeben, ist es wie mit einem eisigen Wind, der das Saatfeld von Leuten traf, die sich selbst Unrecht getan hatten, und es vernichtete. Und nicht Gott hat ihnen Leid zugefügt, sondern sie fügen sich selbst Leid zu." (Sure 3,117)
Leiden infolge von Krankheiten und Tod bedeutet für den Muslim, dass Gott ihn prüft: Der Prophet sagt: „Gott der

Erhabene sagt: Mein gläubiger Diener, dem Ich einen geliebten Menschen entriss, und er dies in Erwartung meines Lohns geduldig ertrug, hat bei Mir keinen anderen Lohn zu erwarten als das Paradies." (Bukhari) „Wem Gott Gutes will, den prüft er mit Krankheit." (Bukhari) „Nichts trifft den Menschen an Schwäche, Krankheit, Sorge, Trauer, Schaden oder Gram, nicht einmal die Dorne, die ihn sticht, ohne dass Gott einen Teil seiner Sünden damit sühnt." (Bukhari)
Demzufolge darf ein Muslim Gott nicht anklagen, sondern er sollte Gott bitten, für ihn das Beste geschehen zu lassen. Klagen würde Misstrauen, Nicht-Akzeptieren bedeuten. Doch Gott ist seinem Diener gegenüber barmherziger als die Mutter ihrem Kind gegenüber. „Wenn ihr die Wohltaten Gottes aufzählen wolltet, so könnt ihr sie nicht berechnen." (Sure 14,37)
Prüfungen können auch Anlass sein, um zum Bitten zurückgeführt zu werden.
Wenn sie ihn dann bitten, erhört Er sie gerne, und Er gibt dem Edelmut und der Freizügigkeit ihr Recht, denn diese beiden erfordern Erhörung, wenn der Gläubige bittet. Manchmal gibt es trotz Erhörung Verzögerung bei der Erfüllung der Bitten.
Gegen das Leid, das Menschen anderen Menschen zufügen, soll der Muslim mit aller Entschiedenheit kämpfen. Der Prophet sagte: „Hilf deinem Bruder, ob er Unrecht begeht oder unter Unrecht leidet!" Einer fragte: „O Gesandter Gottes, diesem helfen wir, wenn er unter Unrecht leidet. Aber wie können wir ihm helfen, wenn er selbst das Unrecht begeht?" Der Prophet erwiderte: „Indem du seine Hände mit der Tatkraft vom Unrecht abhältst!" (Bukhari)

Muslime beim Abendgebet

M 13 Peter Fiedler: Das Leid im Judentum

Ist das Leid gut für den Menschen? „Viele meinten und meinen ja. Sie sehen Krankheit und Leid als gottgewollt, als göttliches Geschenk an. So könnte das Leid ein Weg sein, für unsere Sünden Buße zu tun, und dies noch hier auf Erden … Aber Leiden und Schmerz können noch andere wohltuende Eigenschaften besitzen: Sie sühnen die Sünden anderer aufgrund des stellvertretenden Sühneopfers … Im 4. Makkabäerbuch bittet der alte Eleasar, sein Blut als Sühneopfer für sein Volk anzunehmen (6,27 ff.). Ähnlich betrachten Rabbinen Isaaks Bereitschaft, sich opfern zu lassen. Dies ist auch der Grund, weshalb dieses Kapitel (Gen 22) am zweiten Neujahrstag in den Synagogen verlesen wird. Isaaks ‚Opfer' soll der Entsühnung ganz Israels dienlich sein."
Leid kann auch als Prüfung aufgefasst werden, die Gott gerade den Menschen auferlegt, die ihm treu sind, wie Abraham oder Ijob (vgl. Spr 3,12). Beim Gebot der Gottesliebe (Dtn 6,5) legen die Rabbinen „mit deiner ganzen Seele" so aus: „selbst wenn er deine Seele von dir nimmt". Dementsprechend haben Juden und Jüdinnen immer wieder in Verfolgungen ihr Leben als Märtyrer/innen „zur Heilung des göttlichen Namens" hingegeben.
Für die Rabbinen gibt es jedoch keinen Widerspruch zwischen dem Sühnecharakter des Leidens und der Pflicht, dieses zu bekämpfen. […]
Das Leid, das dem Einzelnen oder dem Volk auferlegt wird, weist im Letzten auf Gottes Unbegreiflichkeit. Das hat gerade die Schoa bewusst gemacht. Wenn der leidende Mensch trotzdem an Gott festhält, dann wird er sich vielleicht zu einer Haltung durchringen, wie sie der mittelalterliche Dichter *Salomo ibn Gabirol* ausdrückt: „Wenn ich nicht auf deine Gnade hoffe, wer, wenn nicht du, wird Mitleid mit mir haben? Wenn du mich töten willst, werde ich auf dich warten; wenn du mich quälen willst, werde ich von dir zu dir fliehen. Ich werde mich in deinen Schatten retten vor deinem Zorn." […]

Jude an der Klagemauer

Anregungen zur Weiterarbeit

1. Fassen Sie zusammen, wie mit dem Thema Leid in Islam M 12 und Judentum M 13 umgegangen wird.
2. Vergleichen Sie diesen Umgang mit Leid mit den Ansätzen, die Sie bisher erarbeitet haben.
3. Setzen Sie sich mit den Umgangsweisen auseinander, indem Sie aufzeigen, inwiefern diese Ansätze Ihrer Meinung nach im Umgang mit Leid weiterhelfen können.

3.3 Klagen – Leid zur Sprache bringen

M1 Marlon: Lieber Gott

Lieber Gott,
Sag mir, warum muss das sein,
Leid wohin ich seh und meistens wo ich's nicht versteh.
Sag mir, ist es gerecht, dass es manchen so schlecht und anderen viel zu gut geht?
Hast du die Karten verteilt?
Entscheidest du, für wen die Sonne lacht und für wen es immer schneit?
(immer schneit, ooh ooh)

Lieber Gott,
Frag mich wirklich nach dem Sinn.
Ich denk so oft, dass was nicht stimmt!
Bist du bei uns oder sind wir schon verlor'n?
Warum gibt es Gewalt?
Warum gibt es Hass?
Warum gibt es Menschen, die Soldaten sind?
Bitte sag mir den Grund!
Bitte sag mir, warum ich mich manchmal so allein fühl'!
(ooh ooh, so allein fühl ooh)

Öffne mir die Augen,
Bade mich im Licht.
Ich würd' so gerne an dich glauben,
Sag, hörst du mich nicht?
Öffne mir die Augen,
Bade mich im Licht.
Ich würd' so gern an etwas glauben.
Sag, hörst du mich nicht?

Lieber Gott,
Manchmal ist es wirklich schlimm
Und ich weiß nicht mehr wohin.
Und dann kommt es mir vor, als wenn die Welt in Trümmern liegt,
Und ich seh mich um, alles froh und bunt.
Und ich frag mich, sind sie alle taub und blind?
Bitte sag mir den Grund,
Bitte sag mir, warum ich mich wieder so allein fühl'!
(ooh ooh, so allein fühl)

Öffne mir die Augen,
Bade mich im Licht.
Ich würd' so gerne an dich glauben,
Sag, hörst du mich nicht?
Öffne mir die Augen,
Bade mich im Licht.
Ich würd' so gern an etwas glauben.
Sag, hörst du mich nicht?

Lieber Gott
T: Palm/Biscan
© EMI Music Publ. (Germany GmbH), Hamburg

M2 Klage in den Psalmen

Ps 13,2–6
2 Wie lange noch, Herr, vergisst du mich ganz? /
Wie lange noch verbirgst du dein Gesicht vor mir?
3 Wie lange noch muss ich Schmerzen ertragen in meiner Seele, /
in meinem Herzen Kummer Tag für Tag? / Wie lange noch darf mein Feind über mich triumphieren?
4 Blick doch her, erhöre mich, Herr, mein Gott, /
erleuchte meine Augen, damit ich nicht entschlafe und sterbe,
5 damit mein Feind nicht sagen kann: /
„Ich habe ihn überwältigt", damit meine Gegner nicht jubeln, / weil ich ihnen erlegen bin.
6 Ich aber baue auf deine Huld, /
mein Herz soll über deine Hilfe frohlocken. Singen will ich dem Herrn, / weil er mir Gutes getan hat.

Ps 22,2–3
2 Mein Gott, mein Gott, warum hast du mich verlassen, /
bist fern meinem Schreien, den Worten meiner Klage?
3 Mein Gott, ich rufe bei Tag, doch du gibst keine Antwort; /
ich rufe bei Nacht und finde doch keine Ruhe.

Ps 88,2–19
2 Herr, du Gott meines Heils, /
zu dir schreie ich am Tag und bei Nacht.
3 Lass mein Gebet zu dir dringen, /
wende dein Ohr meinem Flehen zu!
4 Denn meine Seele ist gesättigt mit Leid, /
mein Leben ist dem Totenreich nahe.
5 Schon zähle ich zu denen, die hinabsinken ins Grab, /
bin wie ein Mann, dem alle Kraft genommen ist.
6 Ich bin zu den Toten hinweggerafft /
wie Erschlagene, die im Grabe ruhen; an sie denkst du nicht mehr, / denn sie sind deiner Hand entzogen.
7 Du hast mich ins tiefste Grab gebracht, /
tief hinab in finstere Nacht.
8 Schwer lastet dein Grimm auf mir, /
all deine Wogen stürzen über mir zusammen. [Sela]
9 Die Freunde hast du mir entfremdet, /
mich ihrem Abscheu ausgesetzt; / ich bin gefangen und kann nicht heraus.
10 Mein Auge wird trübe vor Elend. /
Jeden Tag, Herr, ruf ich zu dir; / ich strecke nach dir meine Hände aus.
11 Wirst du an den Toten Wunder tun, /
werden Schatten aufstehn, um dich zu preisen? [Sela]
12 Erzählt man im Grab von deiner Huld, /
von deiner Treue im Totenreich?
13 Werden deine Wunder in der Finsternis bekannt, /
deine Gerechtigkeit im Land des Vergessens?
14 Herr, darum schreie ich zu dir, /
früh am Morgen tritt mein Gebet vor dich hin.

15 Warum, o Herr, verwirfst du mich, /
warum verbirgst du dein Gesicht vor mir?
16 Gebeugt bin ich und todkrank von früher Jugend an, /
deine Schrecken lasten auf mir und ich bin zerquält.
17 Über mich fuhr die Glut deines Zorns dahin, /
deine Schrecken vernichten mich.
18 Sie umfluten mich allzeit wie Wasser /
und dringen auf mich ein von allen Seiten.
19 Du hast mir die Freunde und Gefährten entfremdet; /
mein Vertrauter ist nur noch die Finsternis.

Ps 102,2–12

2 Herr, höre mein Gebet! /
Mein Schreien dringe zu dir.
3 Verbirg dein Antlitz nicht vor mir! /
Wenn ich in Not bin, wende dein Ohr mir zu! / Wenn ich dich
anrufe, erhöre mich bald!
4 Meine Tage sind wie Rauch geschwunden, /
meine Glieder wie von Feuer verbrannt.
5 Versengt wie Gras und verdorrt ist mein Herz, /
sodass ich vergessen habe, mein Brot zu essen.
6 Vor lauter Stöhnen und Schreien /
bin ich nur noch Haut und Knochen.
7 Ich bin wie eine Dohle in der Wüste, /
wie eine Eule in öden Ruinen.
8 Ich liege wach und ich klage /
wie ein einsamer Vogel auf dem Dach.
9 Den ganzen Tag schmähen mich die Feinde; /
die mich verhöhnen, nennen meinen Namen beim Fluchen.
10 Staub muss ich essen wie Brot, /
mit Tränen mische ich meinen Trank;
11 denn auf mir lasten dein Zorn und dein Grimm. /
Du hast mich hochgerissen und zu Boden geschleudert.
12 Meine Tage schwinden dahin wie Schatten, /
ich verdorre wie Gras.

Anregungen zur Weiterarbeit

1. Arbeiten Sie die Anklagepunkte der Sänger aus M 1 und M 2 heraus.
2. Vergleichen Sie die sprachliche Gestaltung der beiden Texte miteinander.
3. Erläutern Sie, wie sich Klage sprachlich ausdrückt und ausdrücken kann und welche Gotteserfahrung hier deutlich wird.
4. Formulieren Sie eigene Klagepsalmen. Anregungen bieten Ihnen die Abbildungen auf Seite 41–42 zum Einstieg in die Thematik „Theodizee".
5. Begründen Sie, inwiefern Klage eine angemessene Möglichkeit darstellt, um Gott zu begegnen und zu erfahren. Lesen Sie hierzu vertiefend M 3.

M 3 Josef Wehrle: Das Klagegebet als Trost und Quelle der Kraft im Leid

Halt und Trost fand der alttestamentliche Mensch vor allem im Gebet. Das ist zunächst nichts Besonderes und auch in der Umwelt Israels eine viel geübte Praxis. Das Gebet wird als Quelle der Kraft erfahren. Vor allem der Psalter beinhaltet eine Fülle überwältigender Zeugnisse durch die Jahrtausende. […]

Aufmerksamkeit erweckt jedoch, dass die häufigste Psalmengattung nicht das Lob, der Dank oder das Preislied ist, sondern die Klage des Einzelnen (Ps 6; 13; 14; 22; 142). In ihrem Gefolge kann eine Erhörung erwähnt werden oder auch nicht. Sowohl der Einzelne als auch das Volk können vor Gott klagen und nach dem Warum? Wozu? oder Wie lange? des Unheils fragen. Die Fragen werden an Gott gerichtet, weil man sie selbst nicht beantworten kann trotz eigener Deutungsversuche. Einerseits fühlt sich der Leidende selber von Gott angegriffen und verlassen, andererseits vertraut man aber wieder diesem seinen Gott, von dem man nicht nur individuell, sondern auch kollektiv in der Vergangenheit Heil erfahren durfte. Besonders im Gebet dringt dieses Reflektieren über das Leid durch. Und oft birgt die Klage selbst schon das Potential für neues Vertrauen, für aufkeimende Hoffnung auf die erneute Zuwendung und helfende Intervention dieses unbegreiflichen Gottes. Letztendlich existiert für den glaubenden Menschen keine wirkliche Alternative zu seinem Gott. […]
Es ist ein Grundmuster, dass der Mensch in besonders bedrohlichen und auswegslosen Situationen zu Jahwe um seine Intervention schreit und in extremen Härtefällen Jahwe sogar heftig anklagt, wie z. B. Ijob. Diese Äußerungen fundamentaler Bedürfnisse mögen uns zunächst befremden angesichts einer oft einseitig ästhetisierten neutestamentlichen Botschaft. Doch es gibt keinen Zweifel daran, dass die alttestamentliche Klage Befindlichkeiten ins Wort bringt und Fragen aufwirft, mit denen sich viele Menschen noch heute identifizieren können.

M 4 Der klagende Hiob

Hi 3,20–26

20 Warum schenkt er dem Elenden Licht /
und Leben denen, die verbittert sind?
21 Sie warten auf den Tod, der nicht kommt, /
sie suchen ihn mehr als verborgene Schätze.
22 Sie würden sich freuen über einen Hügel; /
fänden sie ein Grab, sie würden frohlocken.
23 Wozu Licht für den Mann auf verborgenem Weg, /
den Gott von allen Seiten einschließt?
24 Bevor ich noch esse, kommt mir das Seufzen, /
wie Wasser strömen meine Klagen hin.
25 Was mich erschreckte, das kam über mich, /
wovor mir bangte, das traf mich auch.
26 Noch hatte ich nicht Frieden, nicht Rast, nicht Ruhe, /
fiel neues Ungemach mich an.

Hi 9,11–18

11 Zieht er an mir vorüber, ich seh ihn nicht, /
fährt er daher, ich merk ihn nicht.
12 Rafft er hinweg, wer hält ihn zurück? /
Wer darf zu ihm sagen: Was tust du da?
13 Gott hält seinen Zorn nicht zurück, /
unter ihm mussten selbst Rahabs Helfer sich beugen.
14 Wie sollte denn ich ihm entgegnen, /
wie meine Worte gegen ihn wählen?
15 Und wär ich im Recht, ich könnte nichts entgegnen, /
um Gnade müsste ich bei meinem Richter flehen.
16 Wollte ich rufen, würde er mir Antwort geben? /
Ich glaube nicht, dass er auf meine Stimme hört.
17 Er, der im Sturm mich niedertritt, /
ohne Grund meine Wunden mehrt,
18 er lässt mich nicht zu Atem kommen, /
er sättigt mich mit Bitternis.

Hi 10,2

2 Ich sage zu Gott: Sprich mich nicht schuldig, /
lass mich wissen, warum du mich befehdest.

Hi 16,9–14

9 Sein Zorn zerreißt, befehdet mich, /
knirscht gegen mich mit den Zähnen, / mein Gegner schärft
die Augen gegen mich.
10 Sie sperren ihr Maul gegen mich auf, /
schlagen voll Hohn mich auf die Wangen, / scharen sich gegen mich zusammen.
11 Gott gibt mich dem Bösen preis, /
in die Hand der Frevler stößt er mich.
12 In Ruhe lebte ich, da hat er mich erschüttert, /
mich im Nacken gepackt, mich zerschmettert, / mich als
Zielscheibe für sich aufgestellt.
13 Seine Pfeile umschwirren mich, /
schonungslos durchbohrt er mir die Nieren, / schüttet meine
Galle zur Erde.
14 Bresche über Bresche bricht er mir, /
stürmt wie ein Krieger gegen mich an.

Hi 19,6–12

6 Erkennt doch, dass Gott mich niederdrückt, /
da er sein Netz rings um mich warf.
7 Schrei ich: Gewalt!, wird mir keine Antwort, /
rufe ich um Hilfe, gibt es kein Recht.
8 Meinen Pfad hat er versperrt; ich kann nicht weiter, /
Finsternis legt er auf meine Wege.
9 Meiner Ehre hat er mich entkleidet, /
die Krone mir vom Haupt genommen.
10 Er brach mich ringsum nieder, ich muss dahin; /
er riss mein Hoffen aus wie einen Baum.
11 Sein Zorn ist gegen mich entbrannt, /
gleich seinen Gegnern gelte ich ihm.
12 Vereint rückten seine Scharen an, /
bahnten gegen mich den Weg, / lagerten sich rings um mein
Zelt.

Anregungen zur Weiterarbeit

1. Fassen Sie zusammen, was Hiob hier beklagt.
2. Arbeiten Sie heraus, welche Gotteserfahrung Hiobs sich in dieser Situation widerspiegelt.
3. Gestalten Sie eine Darstellung des klagenden Hiob, die vor allen Dingen seine Einstellung zu Gott zeigt. Achten Sie auf die Gestik und Mimik Hiobs.
4. Fassen Sie zusammen, wie es zum Leid Hiobs gekommen ist (M 5).
5. Beschreiben Sie das Auftreten und Verhalten Gottes.
6. Setzen Sie sich mit der Rolle Gottes auseinander.
7. Versuchen Sie zu begründen, worin der Sinn von Hiobs Leid und seiner Klage liegen könnte. Lesen Sie hierzu vertiefend M 6.

M 5 Wie es zum Leid Hiobs kam (Hi 1,1–2,10)

1 1 Im Lande Uz lebte ein Mann mit Namen Ijob. Dieser
Mann war untadelig und rechtschaffen; er fürchtete Gott
und mied das Böse. 2 Sieben Söhne und drei Töchter wur-
den ihm geboren. 3 Er besaß siebentausend Stück Klein-
vieh, dreitausend Kamele, fünfhundert Joch Rinder und
fünfhundert Esel, dazu zahlreiches Gesinde. An Ansehen
übertraf dieser Mann alle Bewohner des Ostens. 4 Reihum
hielten seine Söhne ein Gastmahl, ein jeder an seinem Tag
in seinem Haus. Dann schickten sie hin und luden auch ihre
Schwestern ein, mit ihnen zu essen und zu trinken. 5 Wenn
die Tage des Gastmahls vorbei waren, schickte Ijob hin und
entsühnte sie. Früh am Morgen stand er auf und brachte so
viele Brandopfer dar, wie er Kinder hatte. Denn Ijob sagte:
Vielleicht haben meine Kinder gesündigt und Gott gelästert
in ihrem Herzen. So tat Ijob jedes Mal.
6 Nun geschah es eines Tages, da kamen die Gottessöhne,
um vor den Herrn hinzutreten; unter ihnen kam auch der

Satan. **7** Der Herr sprach zum Satan: Woher kommst du? Der Satan antwortete dem Herrn und sprach: Die Erde habe ich durchstreift, hin und her. **8** Der Herr sprach zum Satan: Hast du auf meinen Knecht Ijob geachtet? Seinesgleichen gibt es nicht auf der Erde, so untadelig und rechtschaffen, er fürchtet Gott und meidet das Böse. **9** Der Satan antwortete dem Herrn und sagte: Geschieht es ohne Grund, dass Ijob Gott fürchtet? **10** Bist du es nicht, der ihn, sein Haus und all das Seine ringsum beschützt? Das Tun seiner Hände hast du gesegnet; sein Besitz hat sich weit ausgebreitet im Land. **11** Aber streck nur deine Hand gegen ihn aus und rühr an all das, was sein ist; wahrhaftig, er wird dir ins Angesicht fluchen. **12** Der Herr sprach zum Satan: Gut, all sein Besitz ist in deiner Hand, nur gegen ihn selbst streck deine Hand nicht aus! Darauf ging der Satan weg vom Angesicht des Herrn.

13 Nun geschah es eines Tages, dass seine Söhne und Töchter im Haus ihres erstgeborenen Bruders aßen und Wein tranken. **14** Da kam ein Bote zu Ijob und meldete: Die Rinder waren beim Pflügen und die Esel weideten daneben. **15** Da fielen Sabäer ein, nahmen sie weg und erschlugen die Knechte mit scharfem Schwert. Ich ganz allein bin entronnen, um es dir zu berichten. **16** Noch ist dieser am Reden, da kommt schon ein anderer und sagt: Feuer Gottes fiel vom Himmel, schlug brennend ein in die Schafe und Knechte und verzehrte sie. Ich ganz allein bin entronnen, um es dir zu berichten. **17** Noch ist dieser am Reden, da kommt schon ein anderer und sagt: Die Chaldäer stellten drei Rotten auf, fielen über die Kamele her, nahmen sie weg und erschlugen die Knechte mit scharfem Schwert. Ich ganz allein bin entronnen, um es dir zu berichten. **18** Noch ist dieser am Reden, da kommt schon ein anderer und sagt: Deine Söhne und Töchter aßen und tranken Wein im Haus ihres erstgeborenen Bruders.

19 Da kam ein gewaltiger Wind über die Wüste und packte das Haus an allen vier Ecken; es stürzte über die jungen Leute und sie starben. Ich ganz allein bin entronnen, um es dir zu berichten. **20** Nun stand Ijob auf, zerriss sein Gewand, schor sich das Haupt, fiel auf die Erde und betete an. **21** Dann sagte er: Nackt kam ich hervor aus dem Schoß meiner Mutter; / nackt kehre ich dahin zurück. / Der Herr hat gegeben, der Herr hat genommen; / gelobt sei der Name des Herrn.

22 Bei alldem sündigte Ijob nicht und äußerte nichts Ungehöriges gegen Gott.

2 **1** Nun geschah es eines Tages, da kamen die Gottessöhne, um vor den Herrn hinzutreten; unter ihnen kam auch der Satan, um vor den Herrn hinzutreten. **2** Da sprach der Herr zum Satan: Woher kommst du? Der Satan antwortete dem Herrn: Die Erde habe ich durchstreift, hin und her. **3** Der Herr sprach zum Satan: Hast du auf meinen Knecht Ijob geachtet? Seinesgleichen gibt es nicht auf der Erde, so untadelig und rechtschaffen; er fürchtet Gott und meidet das Böse. Noch immer hält er fest an seiner Frömmigkeit, obwohl du mich gegen ihn aufgereizt hast, ihn ohne Grund zu verderben. **4** Der Satan antwortete dem Herrn und sagte: Haut um Haut! Alles, was der Mensch besitzt, gibt er hin für sein Leben. **5** Doch streck deine Hand aus und rühr an sein Gebein und Fleisch; wahrhaftig, er wird dir ins Angesicht fluchen. **6** Da sprach der Herr zum Satan: Gut, er ist in deiner Hand. Nur schone sein Leben! **7** Der Satan ging weg vom Angesicht Gottes und schlug Ijob mit bösartigem Geschwür von der Fußsohle bis zum Scheitel. **8** Ijob setzte sich mitten in die Asche und nahm eine Scherbe, um sich damit zu schaben. **9** Da sagte seine Frau zu ihm: Hältst du immer noch fest an deiner Frömmigkeit? Lästere Gott und stirb! **10** Er aber sprach zu ihr: Wie eine Törin redet, so redest du. Nehmen wir das Gute an von Gott, sollen wir dann nicht auch das Böse annehmen? Bei all dem sündigte Ijob nicht mit seinen Lippen.

Charles Maurand, Hiob erfährt sein Unglück, Holzstich (1865)

M 6 Ludger Schwienhorst-Schönberger: Der Name Hiob

Als bei der schrecklichen Tsunami-Katastrophe im Jahre 2004 eine Theologin im Rahmen einer Reportage im Fernsehen gefragt wurde: „Wo war Gott", da hat sie klugerweise geantwortet: „Ich weiß es nicht, und in meinem Theologiestudium habe ich es nicht gelernt." Hätte sie eine Antwort gegeben, sie hätte den Reporter und die Zuschauer wohl kaum überzeugt. Interessant an diesem Vorgang allerdings war, dass selbst in säkularisierten Medien-Gesellschaften im Leid die Frage nach Gott aufbricht. Und damit sind wir bei Ijob. Denn der Name „Ijob" heißt übersetzt: „Wo ist der (mein) Vater?" Das Wort „Vater" verweist hier als sogenanntes theophores (das heißt: gotthaltiges) Namenselement auf eine Gottheit. Der Name „Ijob" bedeutet also: Wo ist mein Vater? Wo ist Gott?, und wir dürfen von dem, was im Buch erzählt wird, ergänzen: Wo ist Gott *in meinem Leid*? Ijob ist die persongewordene Frage nach Gott im Leid.

3.4 Gott im Leid erfahren?!

M1 Gottes Antwort aus dem Wettersturm auf Hiobs Klage (Auszüge) und Hiobs Antwort

Hi 38,1–4.25–29.33–35.37–40

1 Da antwortete der Herr dem Ijob aus dem Wettersturm
und sprach:
2 Wer ist es, der den Ratschluss verdunkelt /
mit Gerede ohne Einsicht?
3 Auf, gürte deine Lenden wie ein Mann: /
Ich will dich fragen, du belehre mich!
4 Wo warst du, als ich die Erde gegründet? /

25 Wer grub der Regenflut eine Rinne, /
einen Weg für das Donnergewölk,
26 um Regen zu senden auf unbewohntes Land, /
auf die Steppe, darin niemand wohnt,
27 um zu sättigen die Wildnis und Öde /
und frisches Gras sprossen zu lassen?
28 Hat der Regen einen Vater /
oder wer zeugte die Tropfen des Taus?
29 Aus wessen Schoß ging das Eis hervor, /
des Himmels Reif, wer hat ihn geboren?

33 Kennst du die Gesetze des Himmels, /
legst du auf die Erde seine Urkunde nieder?
34 Erhebst du zu den Wolken deine Stimme, /
dass dich die Woge des Wassers bedeckt?
35 Entsendest du die Blitze, dass sie eilen /
und dir sagen: Wir sind da?

37 Wer zählt in Weisheit die Wolken, /
und die Schläuche des Himmels, wer schüttet sie aus,
38 wenn der Erdboden hart wird, als sei er gegossen, /
und Erdschollen zusammenkleben?
39 Erjagst du Beute für die Löwin, /
stillst du den Hunger der jungen Löwen,
40 wenn sie sich ducken in den Verstecken, /
im Dickicht auf der Lauer liegen?

Hi 39,26–40,2.6–9.25.32

26 Kommt es von deiner Einsicht, /
dass der Falke sich aufschwingt / und nach Süden seine Flügel ausbreitet?
27 Fliegt auf dein Geheiß der Adler so hoch /
und baut seinen Horst in der Höhe?
28 Auf Felsen wohnt und nächtigt er, /
auf der Felsenzacke und an steiler Wand.
29 Von dort erspäht er die Beute, /
seine Augen schauen ins Weite.
30 Nach Blut schon gieren seine Jungen; /
wo Erschlagene sind, ist er zur Stelle.
1 Da antwortete der Herr dem Ijob und sprach:
2 Mit dem Allmächtigen will der Tadler rechten? /
Der Gott anklagt, antworte drauf!

6 Da antwortete der Herr dem Ijob aus dem Wettersturm
und sprach:
7 Auf, gürte deine Lenden wie ein Mann! /
Ich will dich fragen, du belehre mich!
8 Willst du wirklich mein Recht zerbrechen, /
mich schuldig sprechen, damit du Recht behältst?
9 Hast du denn einen Arm wie Gott, /
dröhnst du wie er mit Donnerstimme?

25 Kannst du das Krokodil am Angelhaken ziehen, /
mit der Leine seine Zunge niederdrücken?

32 Leg nur einmal deine Hand daran! /
Denk an den Kampf! Du tust es nie mehr.

Hi 41,1–26

1 Sieh, das Hoffen darauf wird enttäuscht; /
sein bloßer Anblick bringt zu Fall.
2 So kühn ist keiner, es zu reizen; /
wer könnte ihm wohl trotzen?
3 Wer begegnete ihm und bliebe heil? /
Unter dem ganzen Himmel gibt es so einen nicht.
4 Ich will nicht schweigen von seinen Gliedern, /
wie groß und mächtig, wie wohlgeschaffen es ist.
5 Wer öffnet die Hülle seines Kleides, /
wer dringt in seinen Doppelpanzer ein?
6 Wer öffnet die Tore seines Mauls? /
Rings um seine Zähne lagert Schrecken.
7 Reihen von Schilden sind sein Rücken, /
verschlossen mit Siegel aus Kieselstein.
8 Einer reiht sich an den andern, /
kein Lufthauch dringt zwischen ihnen durch.
9 Fest haftet jeder an dem andern, /
sie sind verklammert, lösen sich nicht.
10 Sein Niesen lässt Licht aufleuchten; /
seine Augen sind wie des Frührots Wimpern.
11 Aus seinem Maul fahren brennende Fackeln, /
feurige Funken schießen hervor.
12 Rauch dampft aus seinen Nüstern /
wie aus kochendem, heißem Topf.
13 Sein Atem entflammt glühende Kohlen, /
eine Flamme schlägt aus seinem Maul hervor.
14 Stärke wohnt in seinem Nacken, /
vor ihm her hüpft bange Furcht.
15 Straff liegt seines Wanstes Fleisch, /
wie angegossen, unbewegt.
16 Sein Herz ist fest wie Stein, /
fest wie der untere Mühlstein.
17 Erhebt es sich, erschrecken selbst die Starken; /
vor Schrecken wissen sie nicht aus noch ein.
18 Trifft man es, kein Schwert hält stand, /
nicht Lanze noch Geschoss und Pfeil.
19 Eisen achtet es wie Stroh, /
Bronze wie morsch gewordenes Holz.

20 Kein Bogenpfeil wird es verjagen, /
in Stoppeln verwandeln sich ihm / die Steine der Schleuder.
21 Wie Stoppeln dünkt ihm die Keule, /
es lacht nur über Schwertergerassel.
22 Sein Unteres sind Scherbenspitzen; /
ein Dreschbrett breitet es über den Schlamm.
23 Die Tiefe lässt es brodeln wie den Kessel, /
macht das Meer zu einem Salbentopf.
24 Es hinterlässt eine leuchtende Spur; /
man meint, die Flut sei Greisenhaar.
25 Auf Erden gibt es seinesgleichen nicht, /
dazu geschaffen, um sich nie zu fürchten.
26 Alles Hohe blickt es an; /
König ist es über alle stolzen Tiere.

Hi 42,1–6

1 Da antwortete Ijob dem Herrn und sprach:
2 Ich hab erkannt, dass du alles vermagst; /
kein Vorhaben ist dir verwehrt.
3 Wer ist es, der ohne Einsicht den Rat verdunkelt? /
So habe ich denn im Unverstand geredet über Dinge, / die
zu wunderbar für mich und unbegreiflich sind.
4 Hör doch, ich will nun reden, /
ich will dich fragen, du belehre mich!
5 Vom Hörensagen nur hatte ich von dir vernommen; /
jetzt aber hat mein Auge dich geschaut.
6 Darum widerrufe ich und atme auf, /
in Staub und Asche.

Anregungen zur Weiterarbeit

1. Interpretieren Sie die Antwort Gottes auf Hiobs Klagen und Hiobs Reaktion, indem Sie in Gruppenarbeit die Rede Gottes aus dem Wettersturm und Hiobs Antwort in eine Hörspielszene umgestalten. Zur Unterstützung Ihrer Überlegungen lesen Sie **M 2**. Gehen Sie wie folgt vor, um ein Hörspieldrehbuch zu planen:
   a. Fassen Sie die Kernaussagen des Textes pointiert zusammen, um so die Dramaturgie des Textes festzulegen.
   b. Legen Sie fest, wie einzelne Verse sprachlich und stimmlich umgesetzt werden müssen, um ihre Wirkung zu zeigen. Analysieren Sie den Text also zunächst sprachlich. Probieren Sie dann verschiedene Möglichkeiten der stimmlichen Umsetzung aus und variieren Sie Lautstärke, Schnelligkeit, Stimmfarbe etc.
   c. Überlegen Sie, ob Geräusche oder Musik Ihre (stimmliche) Interpretation der Gottesreden und Hiobs Reaktion unterstützen können und ordnen Sie diese den Versen zu.
2. Präsentieren Sie Ihre Hörspielszene im Plenum und vergleichen Sie Ihre Versionen miteinander.
3. Erläutern Sie, wie die Gottesreden und Hiobs Reaktion insgesamt gedeutet wurden.
4. Setzen Sie sich mit Gottes und Hiobs Antwort im Hinblick auf die Theodizeefrage kritisch auseinander.

M 2 Rüdiger Lux: Zur Bedeutung des Wettersturms

Die Antwort an Hiob ergeht aus dem Wettersturm (38,1). Die *se'arah*, der Wettersturm, ist ein altes Theophaniemotiv, das der Umschreibung der Erscheinung Gottes und seiner Macht über die Gewalten des Kosmos dient. Damit wird von Anfang an festgehalten, dass derjenige, der jetzt das Wort nimmt, alles andere als ohnmächtig ist. Er beherrscht die Naturkräfte, denen der Mensch hilflos ausgeliefert bleibt. Aber diese Demonstration der Macht ist nur ein Aspekt des Motivs. Denn Gott *offenbart* sich im Wettersturm, er spricht aus ihm heraus, aber er ist nicht mit diesem identisch. Er geht nicht in der sichtbaren Natur auf. Der offenbare Gott ist und bleibt zugleich auch der verborgene. Der Wettersturm ist wie der brennende und doch nicht verbrennende Dornbusch einst bei der Begegnung mit Mose (Ex 3) ein Medium seiner Erscheinung und Verhüllung zugleich.

M 3 Ps 42,3 und Hi 42,5

Ps 42, 3 Meine Seele dürstet nach Gott, /
nach dem lebendigen Gott. Wann darf ich kommen / und
Gottes Antlitz schauen?

Hi 42, 5 Vom Hörensagen nur hatte ich von dir vernommen; /
jetzt aber hat mein Auge dich geschaut.

Anregungen zur Weiterarbeit

1. Vergleichen Sie Ps 42,3 und Hi 42,5 **M 3** hinsichtlich der Intention der Verse.
2. Erläutern Sie, welche Bedeutung das „Gott schauen" für Hiob, für Menschen im Leid und für die Auseinandersetzung mit der Theodizeefrage hat. Lesen Sie hierzu vertiefend **M 4** bis **M 6**.

M 4 Ludger Schwienhorst-Schönberger: Gott schauen

Der Ausdruck „Gott schauen" dürfte ursprünglich im Kontext altorientalischer Religionen jenen Vorgang bezeichnen, bei dem ein Mensch das (im Tempel aufgestellte oder bei Prozessionen gezeigte) Bild einer Gottheit schaut. Das Alte Testament hat diese Begrifflichkeit übernommen (Gen 32,31; Ex 24,10; Ps 42,3). Da es aber in Israel aufgrund des Bilderverbots (Ex 20,4–6) offiziell keine bildlichen und rundplastischen Darstellungen JHWHs gab, konnte der Ausdruck hier nicht mehr das äußerliche Sehen eines Gottesbildes bezeichnen. Das Wort „Gott(es Antlitz) schauen" wird zur Metapher für den inneren Vorgang einer Gotteserfahrung. Genau darauf zielt Ijob 42,5. Dass hier kein äußerer Vorgang, auch kein Besuch im Tempel, sondern eine innere Erfahrung zur Sprache kommt, ergibt sich schon allein aus dem Kontrast zur vorangehenden Gottesrede: Gott (JHWH) hatte „gesprochen", doch Ijob hat „geschaut". Nirgends wird hier das Aussehen Gottes beschrieben. Ijob hat keine göttliche Gestalt gesehen (vgl. Dtn 4,12). Was hier beschrieben wird, ist die der Mystik sehr wohl vertraute Form einer bildlosen Gottesschau.

M 5 Jürgen Werbick: Hiobs Begegnung mit JHWH

Glauben heißt, mit einem Gott leben lernen, der für die Seinen da ist und sich doch nicht ihren Maßstäben der Nützlichkeit und des Menschendienlichen fügt; heißt deshalb, mit abgründigen Fragen statt mit schnellen Antworten leben lernen; heißt auch, danach fragen und suchen, was mir den Mut geben kann, mit diesem Gott und den großen Fragen zu leben. JHWH selbst zu begegnen, das gibt Ijob den Mut, an der Lebensgemeinschaft mit JHWH festzuhalten. Wo begegnet der Vater im Himmel auf der Erde so ermutigend, dass die Menschen – auch die Menschen von heute – der Versuchung zu den schnellen Antworten widerstehen können?

M 6 Gerhard von Rad: Die Absicht der Gottesrede im Buch Hiob

Das also ist die Absicht der Gottesrede im Hiobbuch, dass sie Gottes Gerechtigkeit seinen Geschöpfen gegenüber feiert, sein heilsames, segnendes Zugekehrtsein. Und das ist [...] auch wirklich eine Antwort auf Hiobs Frage. War Hiobs Festhalten an seiner Gerechtigkeit eine Frage an Gott, so antwortet Gott in seiner Rede mit dem Hinweis auf die Herrlichkeit seiner alles Geschaffene tragenden Fürsorge. Diese Gerechtigkeit Gottes kann freilich vom Menschen nicht begriffen, sie kann nur angebetet werden.

M 7 Josef Wehrle: Die Botschaft des Buches Hiob

Nicht jedes Leiden endet mit einer positiven Wende des Geschicks, wie es Ijob erfahren durfte. Viele Menschen verfolgt das Leid bis in den Tod. Das Buch Ijob ermutigt uns aber, unseren Gefühlen Gott gegenüber freien Lauf zu lassen, Enttäuschungen, Bitterkeit, Verzweiflung und Hoffnungslosigkeit aus uns herauszuschreien. Mit Ijob dürfen wir das berechtigte Vertrauen haben, dass bei allem Dunkeln und Unverständigem Gott in jeder Situation mit uns ist, dass er unsere Bitten und unser Flehen hört, auch wenn wir in schwierigen Situationen den Eindruck haben, dass Gott schweigt, dass er uns nicht mehr hört und uns fern bleibt. Erhört wird jedes Flehen, jede Bitte. Allerdings bedarf es der Geduld. Denn Gott antwortet, wann und wie er will. Das Grundvertrauen in ihn ist aber gerechtfertigt. Es schließt auch die berechtigte Hoffnung mit ein, dass Gott in der Tiefe unserer Seele Wandlungen bewirken kann, die uns das Gute wieder sehen lassen und die Freude in uns wecken, wie es der Psalmist in Ps 30,12 f bekennt: 12: Du hast meine Trauer in Tanz verwandelt, hast mir das Trauergewand ausgezogen und mich mit Freude gegürtet. 13: Darum soll dir singen das Herz und nicht verstummen. Jahwe, mein Gott, in Ewigkeit will ich dich lobpreisen! In diesem Zusammenhang sei auch an eine Äußerung erinnert, die Augustinus über das Leiden machte: „Der allmächtige Gott ... würde, da er zuhöchst gut ist, niemals die Existenz irgendeines Übels in seinen Werken zulassen, wenn er nicht auch so mächtig und gut wäre, um selbst aus dem Übel das Gute zu wirken."
Nur auf diesem Hintergrund der Liebe lässt Gott das Übel und das Leiden zu. Diese bereits im Alten Testament angelegte Schöpfungstheologie hat im Fleisch gewordenen Wort des Vaters, in seinem Sohn Jesus, den Höhepunkt und Abschluss aller Zusagen Gottes erfahren. In der Solidarität des mitleidenden Gottes liegt letztlich der tiefste Grund, nicht im Leid zu verzweifeln.

Anregungen zur Weiterarbeit

1. Fassen Sie die Botschaft des Buches Hiob M 7 zusammen.
2. Erläutern Sie, inwiefern der leidende Hiob bzw. die Botschaft des Buches Hiob Menschen im Leid helfen kann, mit ihrer Situation zurechtzukommen.
3. Erläutern Sie, was unter dem „mitleidenden Gott" zu verstehen ist. Beziehen Sie hierzu M 8 ein.

M 8 Gott aber sagte: „Ich bin mit dir ..."

Gen 28,15
Ich bin mit dir, ich behüte dich, wohin du auch gehst, und bringe dich zurück in dieses Land. Denn ich verlasse dich nicht, bis ich vollbringe, was ich dir versprochen habe.

Ex 3,12
Gott aber sagte: Ich bin mit dir; ich habe dich gesandt und als Zeichen dafür soll dir dienen: Wenn du das Volk aus Ägypten herausgeführt hast, werdet ihr Gott an diesem Berg verehren.

Jos 1,5
Niemand wird dir Widerstand leisten können, solange du lebst. Wie ich mit Mose war, will ich auch mit dir sein. Ich lasse dich nicht fallen und verlasse dich nicht.

Jos 1,9
Habe ich dir nicht befohlen: Sei mutig und stark? Fürchte dich also nicht und hab keine Angst; denn der Herr, dein Gott, ist mit dir bei allem, was du unternimmst.

Jes 41,10
Fürchte dich nicht, denn ich bin mit dir; /
hab keine Angst, denn ich bin dein Gott. Ich helfe dir, ja, ich mache dich stark, / ja, ich halte dich mit meiner hilfreichen Rechten.

Jes 46,3 f.
Hört auf mich, ihr vom Haus Jakob, /
und ihr alle, die vom Haus Israel noch übrig sind, die mir aufgebürdet sind vom Mutterleib an, / die von mir getragen wurden, seit sie den Schoß ihrer Mutter verließen.

4Ich bleibe derselbe, so alt ihr auch werdet, /
bis ihr grau werdet, will ich euch tragen. Ich habe es getan /
und ich werde euch weiterhin tragen, / ich werde euch
schleppen und retten.

Jer 15,20
Dann mache ich dich für dieses Volk /
zur festen, ehernen Mauer. Mögen sie dich bekämpfen, / sie
werden dich nicht bezwingen; denn ich bin mit dir, / um dir
zu helfen und dich zu retten / – Spruch des Herrn.

M 9 Der (mit)leidende Gott (I)

Wie lässt sich der Glaube an einen *leidenden* Gott genauer verstehen? Im Zentrum des christlichen Bekenntnisses steht der Glaube an die Menschwerdung Gottes in Jesus Christus. Nach der klassischen Formulierung dieses Glaubens hat der ewige göttliche Logos, der Sohn Gottes, in Jesus von Nazaret um unseres Heiles willen eine menschliche Natur angenommen. Der Sinn der Menschwerdung hängt engstens mit dem Kreuzestod und der Auferstehung Jesu zusammen. Am Kreuz nahm der Sohn Gottes aus freien Stücken den Tod des Sünders auf sich, um die eigentlich Schuldigen, nämlich uns Menschen, von der Macht und Schuld der Sünde zu befreien. Dieser Glaube bildet einen wichtigen Bestandteil der christlichen Antwort auf das Leidproblem: Danach kamen Leid und Übel aufgrund des menschlichen Ungehorsams in die Welt. Gott ließ den Menschen jedoch nicht in dieser unheilvollen Situation. Er sandte seinen Sohn, durch dessen Opfertod die menschliche Schuld gesühnt wurde. Somit ist der Mensch also für sein Unheil selbst verantwortlich. Gott war allerdings in seiner Güte und Barmherzigkeit bereit, die Menschheit von ihrer Schuld zu befreien und ihr Versöhnung und Heil anzubieten. […]
Im deutschsprachigen Raum wurde diese Korrektur am überlieferten Gottesbild vor allem von dem protestantischen Theologen Jürgen Moltmann vertreten. In seinem Buch mit dem provokanten Titel „Der gekreuzigte Gott" vertritt Moltmann die Überzeugung: „Im Rahmen der Frage, die Gott und das Leiden konfrontiert, wird auch für die Theologie ein Gott, der in teilnahmsloser Seligkeit im Himmel thront, unannehmbar." Moltmann fällt ein hartes Urteil über die Vorstellung von einem allmächtigen, aber leidensunfähigen Gott. Ein nur allmächtiger Gott wäre – seiner Meinung nach – gar kein vollkommenes Wesen. Er könnte von Menschen nicht geliebt, sondern allenfalls gefürchtet werden. Der Mensch, der seine eigene Ohnmacht erfahren, der leiden und lieben, der auch sterben kann, sei „ein reicheres Wesen als ein allmächtiger, leidens- und liebesunfähiger, unsterblicher Gott". Für Moltmann war es ein verhängnisvoller Irrtum, mit der Vollkommenheit Gottes auch die Vorstellung der Leidensunfähigkeit zu verbinden.
Ein solches Gottesverständnis musste geradezu die atheistische Reaktion heraufbeschwören. Angesichts eines solchen Gottesbildes kann der Mensch gar nicht anders, als gegen diesen Gott im Namen aller Leidenden zu protestieren. Wenn Gott tatsächlich so wäre – allmächtig, unberührt und untätig –, müsste jeder aufrechte Mensch sich gegen ihn auflehnen und für die Seite der leidenden Menschheit Partei ergreifen. Im Kreuz Christi tritt jedoch ein ganz anderes Gottesverständnis in Erscheinung. Christen haben daraus zwar lange Zeit nicht die fälligen Konsequenzen gezogen. Trotzdem lässt das Kreuz Christi nur den Glauben an einen Gott zu, der sich nicht scheut, das Leiden der Menschheit auf sich zu nehmen.
Moltmann deutet den Kreuzestod als ein Geschehen in Gott selbst. Dieses Geschehen ereignet sich zwischen dem liebenden Vater, der seinen Sohn dahingibt, und dem geliebten Sohn, der den Tod auf sich nimmt. Aus diesem innergöttlichen Geschehen geht der heilmachende Geist Gottes hervor: der Geist der Freude, des Lebens und der Liebe. Nachdrücklich betont Moltmann: Anders als vom Kreuz Christi her lässt sich christlich gar nicht von Gott reden. Jenes Reden von Gott, das vom Kreuz absah, erscheint rückblickend als Irrweg. Unweigerlich musste dieser Irrweg den Protest des Atheismus hervorrufen.
Wenn Gott selbst leidet, dann scheinen alle Vorwürfe und Einwände gegen Gott ins Leere zu gehen. Menschen hätten nämlich nur dann einen triftigen Grund, sich wegen des Leids gegen Gott aufzulehnen, wenn Gott nur seine Geschöpfe leiden lassen würde, selbst aber nicht leiden würde. Wenn aber Gott leidet […], dann erwächst daraus nicht nur Trost für die Leidenden. Der leidende Gott entzieht zugleich dem Atheismus die Grundlage für seinen Protest. Gegen einen Gott, der selbst das Leiden auf sich nimmt, kann man nicht mehr im Namen des Leids protestieren: „Der Gott, der die Unschuldigen leiden lässt, ist der Angeklagte im Forum der Theodizee. Der Gott, der alles in allem leidet, ist sein einzig möglicher Verteidiger."

M 10 Der (mit)leidende Gott (II)

Ein Gott, der um der Möglichkeit von Liebe (und deswegen um der Freiheit) willen das Leid in der Schöpfung riskiert, ist dann kein Scheusal, wenn er selbst das Leiden auf sich nimmt: So sagen manche heutigen Theologen. Sie *verschränken Gott und das Leiden* der Kreatur engstens in der Rede vom „Leiden Gottes" und wenden sich damit gegen den Gott der griechischen Metaphysik (und einer von ihr beeinflussten Theologie), der leidlos und leidensunfähig war, letztlich unberührt von den Leiden der Kreaturen.

(a) Gott, wie ihn biblische Menschen erfuhren, ist vom Leid seiner Geschöpfe berührt; ihn „jammert", ihn „erbarmt" das Elend der Menschen *und* das der Tiere (vgl. z. B. Ex 3,7 f und Jona 4,10 f; Mk 1,41; Lk 12,6 u. a.). Die Bibel redet in Analogien von Gott, indem sie Worte für unsere tiefsten, äußersten Erfahrungen metaphorisch (= übertragen) auf Gott anwendet, um sich seiner Wirklichkeit, die nicht in unsere Begriffe passt, wenigstens gleichnishaft anzunähern. Wegen seiner aller menschliche Liebe übersteigenden Liebe macht sich Gott auf unvorstellbare Weise selber betreffbar: Er leidet an der Menschen Untreue und Vergehen (Gen 6,5-7; Jer 11,18–23 u. ö.), und obzwar voll Zorn über die Abwege seines Volkes, entbrennt er gleichwohl von Mitleid und Erbarmen mit ihm (Hos 11,8 f.; Jer 31,20; Jes 63,15). Die Leidenden selbst aber vergisst er nicht (Jes 49,14 f: „und selbst wenn eine Mutter ihr Kindchen vergäße, ich vergesse dich nicht"), das Leid seiner

verfolgten Propheten ist sein eigenes Leid (z. B. Jer 37f), er „weint" ob der Hungersqual und der Erschlagenen in Juda (Jer 14,17f), sein Ort ist bei dem Leidenden (Ps 91,15: „ich bin bei ihm in seiner Not, ich reiße ihn heraus"). Im kritischen Rückblick auf frühere partikularistisch verengte Heilsverständnisse (Dtn 6,22f: die Ägypter warf er ins Meer, „uns aber" führte er heraus) wird das Erbarmen Gottes universal auf alle ausgedehnt (Sir 18,13: „das Erbarmen des Menschen gilt nur seinem Nächsten, das Erbarmen des Herrn allen Menschen"). Gott ist auf der Seite aller Getretenen, er will gerade keine Opfer, keine Menschen- noch Tieropfer, sondern Barmherzigkeit, Schonung und Gerechtigkeit (Hos 6,6; Amos 5,22–24; Jes 1,10–17; Ps 50,7–14; 51,18f; Weish 11,26f).
Die Rabbinen haben schon von der Selbsterniedrigung Gottes gesprochen, der in seiner Shekinah (Herabkunft, Einwohnung) in den Dornbusch, die Bundeslade, den Tempel herabsteigt, im Niedrigen und Kleinen begegnet, sein Volk auf seinem Rücken trägt (Jes 46,3f; Dtn 1,31), mit ihm bis in die tiefste Not des Exils hinein geht und so die Not seines Volkes gleichsam am eigenen Leibe erfährt, mit ihm leidet und es dann herausführt, es durch sein eigenes Leiden erlöst. […]

(b) War es nicht ein Jude, der Galiläer Jesus von Nazareth, der sich von der Gegenwart des grenzenlos barmherzigen Gottes erfüllt wusste und deshalb die mitleidende, unbedingt allen geltende Güte Gottes geradezu verkörperte, in einer einzigen großen Einladung an alle Bedrückten und Beladenen, die alle Ausgrenzungsmechanismen überwand? Und war er nicht genau deswegen beseitigt worden, weil Menschen, die von Ausgrenzung und Unterdrückung anderer leben (und dieses falsche Leben nicht ändern wollen), solche niemanden ausgrenzende Güte nicht ertragen? Hatte nicht seine alle Trennwände durchbrechende Liebe sterbend sogar noch seine Peiniger umfangen (vgl. Lk 23,34) und so gerade nicht wieder neue Grenzen errichtet? Ihm selbst freilich war dabei am Kreuz der allmächtige Nothelfergott verloren gegangen, er konnte nur noch in das Dunkel der nicht mehr begreifbaren Güte Gottes in seine Not hineinschreien, in ihn hineinsterben (Mk 15,34). Es erfolgte kein supranaturaler Eingriff von oben, um der Tortur ein Ende zu setzen: Was von Gott geschah, vollzog sich – wie freilich erst nach Tagen den Osterzeugen klar wurde – *im* Sterben, *im* Tod Jesu selbst, aber jenseits der sichtbaren Szene, als Bergung (Auferweckung) Jesu in die allpräsente Ewigkeitsdimension und unzerstörbare Lebensfülle Gottes hinein. Und aufgrund dieser Erfahrungen spricht das Neue Testament davon, dass in Jesus Gott selbst unter uns wohnte (Joh 1,14), sich in dessen Passion und Sterben hineinziehen ließ und gerade darin die Kraft seiner Liebe erwies, die stärker ist als Leid und Tod.
Für den christlichen Glauben ist – von der Erfahrung der Jünger mit dem irdischen Jesus und von ihrer Ostererfahrung her – an der Passion Jesu offenbar geworden, dass Gott grenzenlose Liebe ist, dass er sich von den Leiden seiner geliebten Geschöpfe betreffen lässt, dass er in den Leidenden selber ist und mit-leidet. Ein Gott, der liebt, macht sich auch verletzlich und leidensfähig. Leiden aus Liebe, nannte Franz Baader (1765–1841) das eigentliche Geheimnis des Christentums.

Einer der bedeutendsten altkirchlichen Exegeten und Theologen, Origines, der selbst an den Folgen schwerer Folterung in der Decischen Christenverfolgung gestorben ist († 254), konnte davon sprechen, dass Gott aus der „Leidenschaft der Liebe" „sich in unsere Leiden versetzte", „unsere Leiden litt" und deswegen dann „aus Mitleiden herabstieg", sich inkarnierte und entäußerte bis zum qualvollen Kreuzestod. […]
Die christliche Erfahrung weiß etwas davon, dass Gott bei den Menschen im Leiden ist und an ihren Leiden selber mitleidet. Von der mutigen Katharina von Siena (1347–1380), die Pestkranke pflegte und dabei selbst erkrankte, sich in öffentliche Konflikte vermittelnd einschaltete und davon selbst Verwundungen davontrug, wird erzählt, sie habe einst aufgeschrien: „Wo warst Du, mein Gott und Herr, als mein Herz voller Dunkelheit und Unrat war?" Und sie hörte die Antwort: „Ich war in Deinem Herzen, meine geliebte Tochter." Ganz ähnlich weiß eine russische Legende von einem Bauern, der klagt, so lange habe er auf seinem Lebensweg zwei Fußspuren erkennen können, seine eigene und daneben die Gottes, der mit ihm ging, nun aber habe ihn das Elend getroffen, er sei gottverlassen, sehe nur noch *eine* Fußspur auf seinem Weg; und er hört in sich die Stimme Gottes: Ja, du hast gar nicht gemerkt, dass ich dich schon eine ganze Weile auf dem Rückweg trage (nach Jes 46,3.).
Christlicher Glaube weiß zudem davon, dass Gott am Widerspruch seiner Geschöpfe leidet, an ihrer Selbstabschließung und Gewalttätigkeit gegen andere, und dass er in unendlicher Geduld auf ihre freie Umkehr und Heimkehr wartet.
Meister Eckhart etwa spricht von Gottes suchender Liebe und Sehnsucht nach dem Menschen: „Nie hat ein Mensch nach irgendetwas so sehr begehrt, wie Gott danach begehrt, den Menschen dahin zu bringen, dass er ihn erkenne (erkenne, wie nahe Gott in ihm ist, näher als er sich selber ist). Gott ist allzeit bereit, *wir* aber sind sehr unbereit; Gott ist uns ‚nahe', *wir* aber sind ihm fern; Gott ist drinnen, *wir* aber sind in der Fremde." Es gehe Gott darum, dass der Mensch das sich abgrenzende Eigensein aufgibt, Gottes Güte in sich Raum gibt und so zum ‚Sohn', zur Tochter Gottes wird. Diesen Geburts- und Wachstumsschmerz des Sohn-/Tochterwerdens leide Gott zutiefst selber mit. Die schon genannte Katharina von Siena notiert im Dialog mit Gott: „Es scheint, als wärest Du verrückt geworden nach Deinen Geschöpfen, wie wenn Du ohne sie nicht leben könntest." Schon das Alte Testament (z. B. Hos 2,14; 3,1; 8,14, 11,8ff) und das Neue Testament (z. B. 2 Kor 5,20) sprachen von dieser werbenden, bittenden Liebe Gottes zu Mensch und Welt, die immer wieder den Schmerz der Abweisung und Enttäuschung erleidet. Origines sprach davon, dass Gottes Freude nicht vollkommen sei, bis alle an dieser Freude Anteil haben. […]
Christlich verstanden ist es Gott selbst, der *in* denen, die ihm in seinen geliebten Kindern und Geschöpfen Böses antun, leidet, weil er auch sie liebt. Er liebt auch sie, gewiss nicht aus masochistischer Leidenssucht und gewiss nicht ihre bösen Taten, aber sie; und er verlangt danach, auch sie für die Güte zu gewinnen.

Anregungen zur Weiterarbeit

1. Fassen Sie die Definition des „(mit-)leidenden Gottes" aus M 9 und M 10 pointiert zusammen.
2. Nennen Sie die Beispiele bzgl. des Mitleidens Gottes.
3. Setzen Sie sich mit diesem „mitleidenden Gott" kritisch auseinander, indem Sie in Ihre Argumentation auch die Gedanken Kesslers M 11 einbeziehen.

M11 Hans Kessler: Bei der Rede vom Leiden Gottes ist größte Diskretion und Umsicht angebracht

(1) An den klassischen Bedenken gegen eine Leidensfähigkeit Gottes ist sicher soviel richtig, dass der biblische Gott in radikaler Differenz zum Leiden steht und dass ein Leiden Gottes nicht nach Art menschlichen Leidens gedacht werden darf: Als ob Gott von etwas Mächtigerem getroffen werden, an ihm scheitern und in ihm untergehen könnte (dann wäre er ja nicht Gott, und dann müsste in der Tat die Vergeblichkeit und Resignation das letzte Wort haben).

(2) Andererseits: Wer lässt Gott wirklich Gott sein, der, der ihn heraushält aus dem Elend, oder der, der ihn hineinzieht? Macht sich Gott, wenn er denn wirklich ist und wenn er Agape ist, wenn er daher am Wohl und Wehe seiner Geschöpfe Anteil nimmt, nicht auch in seinen Geschöpfen betreffbar (verwundbar), hat er nicht auch die Fähigkeit zu leiden? Und ist, je radikaler die Liebe zu seinen Geschöpfen zu denken ist, nicht desto radikaler auch sein Schmerz ob ihrer Qual? Gott in seinen Geschöpfen antreffbar und treffbar, auf unausdenkliche Weise verwundbar? – (Gott leidend nicht nur allein im leidenden Menschen, sondern auch im gequälten Tier? Die Rede vom Leiden Gottes auch im leidenden Tier bringt uns in arge Verlegenheit. Doch zumindest als Frage muss sie in der Konsequenz des biblischen Glaubens aufrecht erhalten werden. So zu fragen trägt zur Sensibilisierung gegenüber möglichem Leid der anderen Lebewesen und zu achtsamerem Umgang mit ihnen bei: dass wir z. B. Tieren *wenigstens* ein artgerechtes Leben ohne Qual ermöglichen, ehe wir sie schlachten, und dass wir bei Letzterem Qual vermeiden.)

(3) Das Da-Sein und Leid Gottes im Leid Jesu, im Leid des unschuldig gemarterten Kindes, im unbegriffenen Leid der gequälten Kreatur: Es müsste – wenn es wirklich Leiden *Gottes* sein sollte – *mehr* beinhalten als nur Gottes bloßes (Mit-)Leiden, mag dieses noch so radikal sein. Es müsste die Rettung und Heilung der Gequälten und Vernichteten einschließen (wie es die alttestamentlichen Psalmen vom leidenden Gerechten erhoffen und wie es der neutestamentliche Osterglaube vom gekreuzigten Jesus annimmt). Der Schmerz oder das Leiden Gottes ist heilend und erlösend *nur dann*, wenn Gott das Leid *nicht* nur passiv-ohnmächtig aushält, wenn er es gerade *nicht* in sich verewigt oder gar selbst im Leiden untergeht (solche Universalisierung des Leids müsste den Willen zum Widerstand gegen Unrecht brechen), *sondern* wenn in seiner frei mitleidenden Liebe eine größere Kraft (All-Macht) ist, wenn sie aus noch tieferen – und zutiefst betroffenen – Potentialen heraus das Leid auch aktiv-real und kreativ zu heilen, zu überwinden vermag. Und dies „nicht erst ‚post mortem', sondern zumindest anfanghaft schon hier und jetzt", indem sie den Willen und die Kraft gibt, im Tun der Tora bzw. auf den Fußspuren und im Geiste Jesu das Leid, wo immer es geht, wenigstens partiell zu heilen oder doch zu lindern und, wo uns dies nicht möglich ist, es in Solidarität mitzutragen bzw. in Würde und Hoffnung zu bestehen.

[…] Dietrich Bonhoeffer (1906–1945) schrieb 1944 in der für ihn tödlichen Haft: „nur der leidende Gott kann helfen". Er kann helfen, wenn sein Leiden nicht bloß passives Erleiden, sondern aktiv-kreatives, Leid heilendes Leiden ist. Das bloße Hineingerissensein Gottes in den Strudel des Schmerzes reicht nicht aus, aber ohne dieses gibt es auch keine Rettung.

M 12 God is dead

Anregungen zur Weiterarbeit

1. Beschreiben Sie die einzelnen Bilder in M 12.
2. Fassen Sie die Intention des Cartoons zusammen.
3. Erläutern Sie, welche Position gerade das letzte Bild zum Thema Theodizee aufzeigt. Verfassen Sie hierzu einen inneren Monolog des dargestellten Mannes.
4. Nehmen Sie Stellung zum letzten Bild, indem Sie dem dargestellten Mann einen Brief schreiben oder das Cartoonbild um eine Figur erweitern, sodass deutlich wird, wie Sie zu der Reaktion des Mannes stehen.
5. Gestalten Sie ein alternatives Abschlussbild des Cartoons, das einen alternativen Umgang mit der Frage nach dem Warum des Leidens aufzeigt. Greifen Sie dabei auf Ihre Arbeitsergebnisse dieses Kapitels zurück.

4 Gott? – Gott in Frage: Religionskritik

Im Angesicht von Leid und schlechten Erfahrungen, die Menschen im Laufe ihres Lebens machen, folgen häufig radikale Worte: „Gott ist für mich nicht existent“, oder wie Nietzsche sagen würde: „Gott ist tot“. Menschen zweifeln an ihrem Glauben, an ihrer Religion und an der Existenz Gottes, kurz: Sie stellen Gott in Frage.
In diesem Kapitel erarbeiten Sie die Argumentationen verschiedener Ansätze von Religionskritik und setzen sich kritisch mit ihnen auseinander.

4.1 Gottesbeweise

M1 Gott beweisen

Wer sich über die Existenz oder Nicht-Existenz eines göttlichen Wesens Gedanken macht, kommt sehr schnell zu der Frage, ob man die Existenz Gottes denn beweisen könne. In der Geschichte der christlichen Theologie, vor allem auch in der Scholastik des Mittelalters, wurden in diesem Zusammenhang so genannte *„Gottesbeweise“* formuliert:

- *Der kosmologische Gottesbeweis* (von griech. *kósmos* = „Schmuck, Ordnung, Weltall“) schließt aus der Tatsache, dass es in der Welt Bewegung gibt und dass jedes Bewegte seinerseits von einem anderen bewegt wird, auf die Notwendigkeit eines ersten Bewegers – „quod omnes nominant Deum“ („und eben dies nennen alle ‚Gott‘“, so die berühmte Standardformel des Thomas von Aquin, 1225–1274, am Ende seiner Beweisgänge). Eine Variante des kosmologischen Gottesbeweises geht davon aus, dass alles in der Welt eine Ursache hat, es eine endlose Kette von Ursachen aber nicht geben könnte. Also müsste es eine erste Ursache geben – quod omnes nominant Deum.
- *Der teleologische Gottesbeweis* (von griech. *télos* = „Ziel, Endzweck“) geht von der Ordnung, Zweckmäßigkeit und Zielstrebigkeit der Welt und vor allem auch der Natur aus. Aus dem Staunen über die kleinen und großen „Wunder der Natur“ schließt dieser Gottesbeweis auf die Notwendigkeit eines Weltordners oder Weltschöpfers.
- *Der ethnologische Gottesbeweis* (von griech. *on* = „seiend, seinsmäßig, dem Sein nach“) schließt – in einer uns heute nur noch mit Mühe nachvollziehbaren Logik – von der Tatsache, dass wir Gott als vollkommenes Wesen denken können, auf die Notwendigkeit seiner Existenz. Dieser Beweis geht auf den mittelalterlichen Theologen Anselm von Canterbury (1033–1109) zurück.
- *Der moralische Gottesbeweis* schließlich, der mit dem Philosophen Immanuel Kant (1724–1804) in Verbindung gebracht wird, lautet: Gäbe es keinen Gott, dann gäbe es für uns Menschen letztlich auch keinen zwingenden Grund, uns moralisch und sittlich zu verhalten.

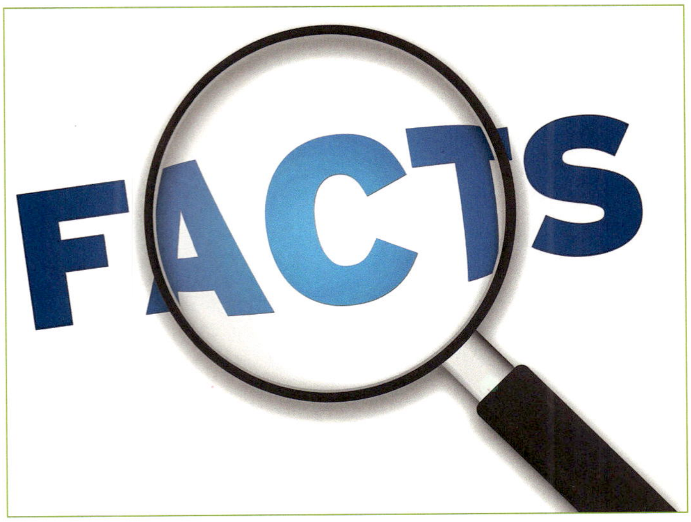

Anregungen zur Weiterarbeit

1. Arbeiten Sie die verschiedenen Gottesbeweise heraus, indem Sie ein Gruppenpuzzle durchführen. Hilfen bieten Ihnen die Methodenseiten.
2. Nehmen Sie aus der Sicht von Religionskritikern zu diesen Gottesbeweisen Stellung und formulieren Sie ggf. Gegenbeweise.

4.2 Die Religionskritik Ludwig Feuerbachs

M1 Ludwig Feuerbach: Religionskritik

- Die Religion, wenigstens die christliche, ist das Verhalten des Menschen zu sich selbst, oder richtiger: zu seinem Wesen, aber das Verhalten zu seinem Wesen als zu einem anderen Wesen. Das göttliche Wesen ist nichts anderes als das menschliche Wesen, oder besser: das Wesen des Menschen, abgesondert von den Schranken des individuellen, d.h. wirklichen, leiblichen Menschen, vergegenständlicht, d.h. angeschaut und verehrt als ein anderes, von ihm unterschiedenes, eigenes Wesen – alle Bestimmungen des göttlichen Wesens sind darum Bestimmungen des menschlichen Wesens.
- Die Religion ist die Entzweiung des Menschen mit sich selbst: Er setzt sich Gott als ein ihm entgegengesetztes Wesen gegenüber. Gott ist nicht, was der Mensch ist – der Mensch nicht, was Gott ist. Gott ist das unendliche, der Mensch das endliche Wesen; Gott vollkommen, der Mensch unvollkommen; Gott ewig, der Mensch zeitlich; Gott allmächtig, der Mensch ohnmächtig; Gott heilig, der Mensch sündhaft. Gott und Mensch sind Extreme: Gott das schlechthin Positive, der Inbegriff aller Realitäten, der Mensch das schlechtweg Negative.
- Das Abhängigkeitsgefühl des Menschen ist der Grund der Religion; der Gegenstand dieses Abhängigkeitsgefühles, das, wovon der Mensch abhängig ist und abhängig sich fühlt, ist aber ursprünglich nichts anderes als die Natur. Die Natur ist der erste, ursprüngliche Gegenstand der Religion, wie die Geschichte aller Religionen und Völker sattsam beweist.
- Der Mensch glaubt Götter nicht nur, weil er *Fantasie* und *Gefühl* hat, sondern auch weil er den *Trieb hat, glücklich zu sein*. Er glaubt ein seliges Wesen, nicht nur, weil er eine Vorstellung der Seligkeit hat, sondern weil er selbst selig sein will; er glaubt ein vollkommenes Wesen, weil er selbst vollkommen zu sein wünscht; er glaubt ein unsterbliches Wesen, weil er selbst nicht zu sterben wünscht. Was selbst nicht ist, aber zu sein *wünscht*, das stellt er sich in seinen Göttern als seiend vor; *die Götter sind die als wirklich gedachten, die in wirkliche Wesen verwandelten Wünsche des Menschen;* ein Gott ist der in der Fantasie befriedigte Glückseligkeitstrieb des Menschen. Hätte der Mensch keine Wünsche, so hätte er trotz Fantasie und Gefühl keine Religion, keine Götter. Und so verschieden die Wünsche, so verschieden sind die Götter, und die Wünsche sind so verschieden als es die Menschen selbst sind. Der Trieb, aus dem die Religion hervorgeht, ihr letzter Grund ist der *Glückseligkeitstrieb, also der Egoismus.*
- Unser Verhältnis zur Religion ist kein nur verneinendes, sondern ein kritisches; wir scheiden nur das Wahre vom Falschen – obgleich allerdings die von der Falschheit ausgeschiedene Wahrheit immer eine neue, von der alten wesentlich unterschiedene Wahrheit ist. Die Religion ist das erste Selbstbewusstsein des Menschen. Heilig sind die Religionen, eben weil sie die Überlieferungen des ersten Bewusstseins sind. Aber was der Religion das Erste ist, Gott, das ist, wie bewiesen, an sich, der Wahrheit nach das Zweite, denn er ist nur das sich gegenständliche Wesen des Menschen, und was ihr das Zweite ist, der Mensch, das muss daher als das Erste gesetzt und ausgesprochen werden. Die Liebe zum Menschen darf keine abgeleitete sein; sie muss zur ursprünglichen werden. Dann allein wird die Liebe eine wahre, heilige, zuverlässige Macht. Ist das Wesen des Menschen das höchste Wesen des Menschen, so muss auch praktisch das höchste und das erste Gesetz die Liebe des Menschen zum Menschen sein. Homo homini Deus est (Der Mensch ist des Menschen Gott) – dies ist der oberste praktische Grundsatz, dies der Wendepunkt der Weltgeschichte.

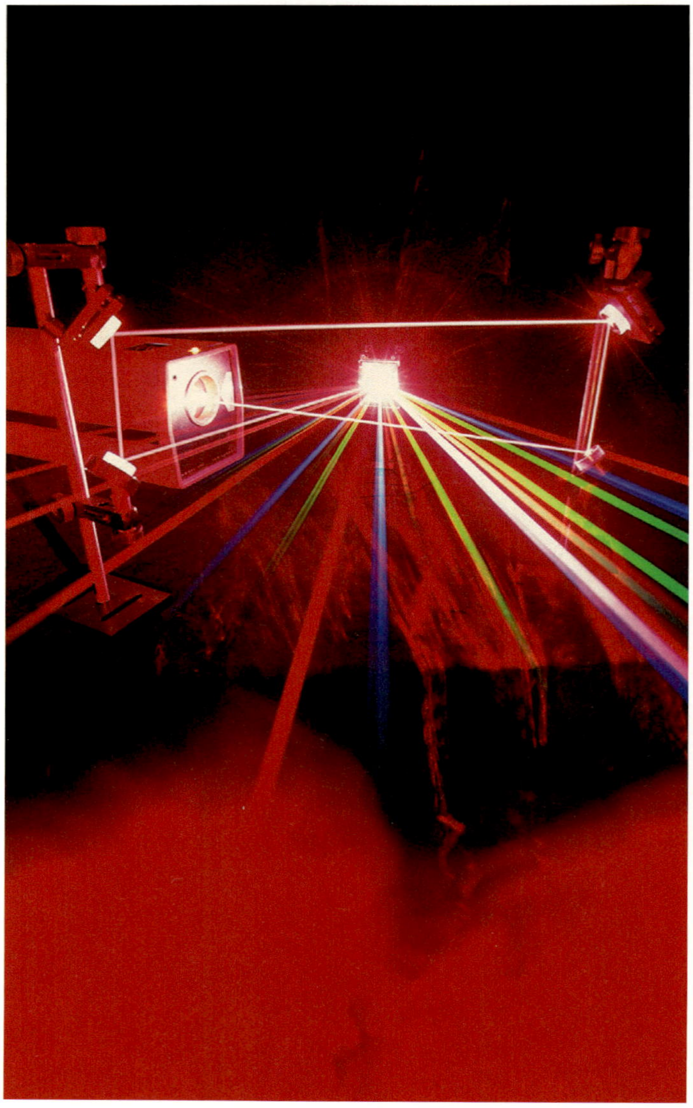

M 2 Michelangelo, Die Erschaffung des Adam

Michelangelo, Sixtinische Kapelle: Die Erschaffung des Adam. 1510, ca. 260 x 570 cm, Fresko

Anregungen zur Weiterarbeit

1. Fassen Sie Feuerbachs Religionskritik M 1 pointiert zusammen.
2. Ludwig Feuerbachs religionskritischer Ansatz wird auch „Projektionstheorie" genannt. Erklären Sie diesen Begriff anhand der Thesen Feuerbachs.
3. In Gen 1,27 heißt es: „Gott schuf also den Menschen als sein Abbild; als Abbild Gottes schuf er ihn." Michelangelo hat die Schöpfung des Menschen künstlerisch umgesetzt (M 2). Befragen Sie Feuerbach zu dieser Bibelstelle und zeichnen Sie seine Interpretation dieser Bibelstelle.
4. Setzen Sie sich im Plenum mit den Thesen Feuerbachs kritisch auseinander: Diskutieren Sie, ob und inwiefern Feuerbachs Thesen nachvollziehbar sind und an welchen Stellen ihm widersprochen werden könnte, sollte, müsste. Lesen Sie hierzu vertiefend M 3 und M 4.
5. Ziehen Sie aus der Religionskritik Feuerbachs Konsequenzen für den Glauben an Gott.

M3 Peter Kliemann: Rückfragen an Feuerbach

Wer sich [...] kritisch mit Feuerbachs Projektionstheorie auseinandersetzt, wird zunächst zugestehen müssen, dass Religion in der Tat mit Projektionen zu tun hat. Menschen machen sich Vorstellungen und Bilder von den Göttern, die sie verehren, und in diesen Vorstellungen und Bildern kommen biographisch, kulturell und gesellschaftlich bedingte Bedürfnisse und Sehnsüchte zum Ausdruck. Dass dem so ist, wird durch die Religionsgeschichte vielfältig belegt und durch die Erkenntnisse der modernen Psychologie, insbesondere die Untersuchungen Sigmund Freuds (1856–1939), auch weitgehend plausibel erklärt. Die Frage ist nur, ob Religion deshalb *nichts anderes als*, ob sie *nur* Projektion sein muss. Schon sehr bald wurde Feuerbach von seinen Kritikern entgegengehalten, ob denn Brot eine Projektion des Hungers sein müsse, nur weil es dem menschlichen Wunsch nach Sättigung entspricht. Aus der richtigen These, die Gottesbilder der Menschen enthielten Projektionen, lässt sich in der Tat kein logischer Schluss auf die Nicht-Existenz eines göttlichen Wesens ziehen. Ein Wesen, das menschlichen Wunschvorstellungen entspricht, kann sehr wohl auch existieren. Feuerbach geht bei seiner Argumentation also selbst von unbewiesenen und auch nicht beweisbaren Annahmen aus. Wenn er das Bild eines mündigeren, tatkräftigeren Menschen der Zukunft malt, projiziert er außerdem selbst; er „hängt sein Herz an" einen Fortschrittsglauben, der im 19. Jahrhundert auf viele Menschen faszinierend wirken musste, dessen negative Auswirkungen heute aber niemand mehr übersehen kann.

Speziell von der christlichen Religion her wäre vor allem darauf hinzuweisen, dass schon im Alten Testament immer wieder betont wird, dass der Gott Israels der ganz andere, der nicht Verfügbare und Kalkulierbare sei (vgl. z. B. Ex 3,14), von dem der Mensch sich kein Bild machen dürfe (Ex 20,4). Das Alte Testament rechnet selbst mit Projektionen und unterstreicht in den verschiedenen Phasen der Geschichte Israels immer wieder, dass der Gott, um den es geht, alle menschlichen Vorstellungen übersteigt und sprengt (vgl. dazu insbesondere auch die Religionskritik der Propheten). Dass der biblische Gott sich nicht den menschlichen Vorstellungen fügt, zeigt sich dann auch im Neuen Testament, wenn der von den Menschen sehnsüchtig erwartete Messias als Obdachlosenkind im Stall geboren und am Kreuz als politischer Aufrührer unschuldig hingerichtet wird. Dass ein solches Gottesbild – zumindest auf den ersten Blick – nicht gerade menschlichen Wünschen und Sehnsüchten entspricht, sieht schon Paulus; er schreibt, der gekreuzigte Christus sei für den gesunden Menschenverstand [...] eigentlich „ein Ärgernis" und „eine Torheit" (1 Kor 1,18 ff.).

Zugespitzt könnte man behaupten, dass Feuerbach dem christlichen Glauben geradezu einen Dienst erwiesen hat. Er hat die Bilder und Vorstellungen, die sich auch Christen immer wieder von ihrem Gott machen, als solche entlarvt und somit Raum geschaffen für einen Gott, der sich von seinem Selbstverständnis her nicht in menschliche Muster und Kategorien zwängen lassen will. Dabei wäre es unbarmherzig und unrealistisch, von den Menschen zu verlangen, sie sollen sich gar keine Bilder und Vorstellungen von Gott machen. Ein Gottesglaube ohne Bilder und Vorstellungen, wie er von Bilderstürmern in nahezu allen Jahrhunderten immer wieder einmal gefordert wurde, wäre etwa sehr Theoretisches, Abstraktes und Blutleeres, zu erreichen nur um den Preis der Unterdrückung und Leugnung von Phantasien und Emotionen. Auch die Bibel, wenn sie von Gott spricht (vgl. z. B. Ps 23; Jes 66,13; Dtn 32,4.11; im Neuen Testament die Gleichnisse Jesu). Entscheidend ist, dass wir uns unserer Projektionen bewusst werden, dass wir sie uns eingestehen und dass wir immer wieder bereit sind, sie zu modifizieren und gegebenenfalls hinter uns zu lassen.

M4 Hans Küng zur Religionskritik Feuerbachs

Nein, ich habe sie nicht vergessen, die Kritik der Religion, habe sie jahrelang studiert, mit viel Passion und wahrhaftig nicht ohne Sympathie für die Großen dieses Genres, von Feuerbach über Marx bis Nietzsche und Freud. In allzu vielem hatten und haben sie recht, als dass man sie auch heute noch (oder heute wieder) ungestraft ignorieren könnte. Denn analysiert man das Persönlichkeitsprofil so mancher frommer „Gläubiger" – und dies wahrhaftig nicht nur im Christentum –, so wird man es mit Ludwig Feuerbach nicht bestreiten können: Der Glaube an Gott kann den Menschen von sich selber entfremden und verkümmern lassen, weil der Mensch Gott mit den Schätzen seines eigenen Innern ausgestattet hat. Zu wenig menschlich, zu wenig Menschen sind diese Gottgläubigen, als dass Gottlose sich von ihrem Gottesglauben anstecken lassen könnten! Ja, man kann den Republikaner Feuerbach verstehen, dass er die Menschen von Kandidaten des Jenseits zu Studenten des Diesseits machen wollte: aus den religiösen und politischen Kammerdienern der himmlischen und irdischen Monarchie und Aristokratie zu freien, selbstbewussten Bürgern.

Allerdings haben wir seit Feuerbach ein Doppeltes hinzugelernt: Dass Gott nur das ins Jenseits hinausprojizierte, hypostasierte Spiegelbild des Menschen sei, hinter dem in Wirklichkeit nichts stehe, wurde von Feuerbach nie bewiesen, immer nur behauptet. Heute gibt es ungezählte Menschen, die freie, selbstbewusste Bürger der Erde sind, gerade weil sie an Gott glauben als den Grund und die Garantie ihrer Freiheit und Mündigkeit.

Auch der gottlose Humanismus hatte allzu oft inhumane Folgen, und in den Schreckenserfahrungen unserer Jahrhunderts – zwei Weltkriege, Gulag, Holocaust, Atombombe – erwies sich der Weg von der Humanität ohne Divinität zur Bestialität oft als kurz.

4.3 Die Religionskritik Sigmund Freuds

M1 Biografie Sigmund Freuds

Sigmund Freud wurde 1856 in Mähren geboren. Sein Vater, ein jüdischer Wollkaufmann, hatte im Alter von über 40 Jahren in zweiter Ehe eine noch nicht Zwanzigjährige geheiratet; ihr Erstgeborener von acht Geschwistern war Sigmund Freud. Der Vater, ein Patriarch, stellte für den Jungen Autorität dar, die junge Mutter dagegen emotionale Beziehungen. Kurz nach der Geburt zog die Familie nach Wien um, wo manche Demütigungen durch Antisemiten erfahren werden mussten.
Nach seinem Abitur begann Freud mit dem Medizinstudium; 1885 wurde er Privatdozent, 1886 Facharzt für Nervenleiden. Nun verfügte er über die wirtschaftliche Basis, um seine Braut, der er über 900 Brautbriefe geschrieben hatte, zu heiraten. Aus dieser Ehe entsprossen sechs Kinder. Eine Professur wurde ihm zunächst nicht übertragen. Stattdessen begann Freud, die Beziehungen zwischen körperlichen und psychischen Leiden zu erforschen. Dabei stieß er auf die Tatsache, dass neurotische Affekte vom Bewusstsein abgewiesen, verdrängt werden. Freud machte sich zur Aufgabe, diese Affekte aus dem Unbewussten ins Bewusstsein zu heben. Wegen der nationalsozialistischen Machtübernahme in Österreich emigrierte Freud 1938 nach London. Dort ist er ein Jahr später gestorben.

M2 Sigmund Freud über die Religion

III.

Die Kultur […] macht nicht etwa halt in der Erledigung ihrer Aufgabe, den Menschen gegen die Natur zu verteidigen, sie setzt sie nur mit anderen Mitteln fort. Die Aufgabe ist hier eine mehrfache, das schwer bedrohte Selbstgefühl des Menschen verlangt nach Trost, der Welt und dem Leben sollen ihre Schrecken genommen werden, nebenbei will auch die Wissbegierde der Menschen, die freilich von dem stärksten praktischen Interesse angetrieben wird, eine Antwort haben. Mit dem ersten Schritt ist bereits sehr viel gewonnen. Und dieser ist, die Natur zu vermenschlichen. An die unpersönlichen Kräfte und Schicksale kann man nicht heran, sie bleiben ewig fremd. Aber wenn in den Elementen Leidenschaften toben wie in der eigenen Seele, wenn selbst der Tod nichts Spontanes ist, sondern die Gewalttat eines bösen Willens, wenn man überall in der Natur Wesen um sich hat, wie man sie aus der eigenen Gesellschaft kennt, dann atmet man auf, fühlt sich heimisch im Unheimlichen, kann seine sinnlose Angst psychisch bearbeiten. Man ist vielleicht noch wehrlos, aber nicht mehr hilflos gelähmt, man kann zum mindesten reagieren, ja vielleicht ist man nicht einmal wehrlos, man kann gegen diese gewalttätigen Übermenschen draußen dieselben Mittel in Anwendung bringen, deren man sich in seiner Gesellschaft bedient, kann versuchen, sie zu beschwören, beschwichtigen, bestechen, raubt ihnen durch solche Beeinflussung einen Teil ihrer Macht. Solch ein Ersatz einer Naturwissenschaft durch Psychologie schafft nicht bloß sofortige Erleichterung, er zeigt auch den Weg zu einer weiteren Bewältigung der Situation.
Denn diese Situation ist nichts Neues, sie hat ein infantiles Vorbild, ist eigentlich nur die Fortsetzung des früheren, denn in solcher Hilflosigkeit hatte man sich schon einmal befunden, als kleines Kind einem Elternpaar gegenüber, das man Grund hatte zu fürchten, zumal den Vater, dessen Schutzes man aber auch sicher war gegen die Gefahren, die man damals kannte. So lag es nahe, die beiden Situationen einander anzugleichen. […]
[Der Mensch] macht die Naturkräfte nicht einfach zu Menschen, mit denen er wie mit seinesgleichen verkehren kann, das würde auch dem überwältigenden Eindruck nicht gerecht werden, den er von ihnen hat, sondern er gibt ihnen Vatercharakter, macht sie zu Göttern, folgt dabei nicht nur einem infantilen, sondern auch, wie ich versucht habe zu zeigen, einem phylogenetischen Vorbild.
Mit der Zeit werden die ersten Beobachtungen von Regel- und Gesetzmäßigkeit an den Naturerscheinungen gemacht, die Naturkräfte verlieren damit ihre menschlichen Züge. Aber die Hilflosigkeit der Menschen bleibt und damit ihre Vatersehnsucht und die Götter. Die Götter behalten ihre dreifache Aufgabe, die Schrecken der Natur zu bannen, mit der Grausamkeit des Schicksals, besonders wie es sich im Tode zeigt, zu versöhnen und für die Leiden und Entbehrungen zu entschädigen, die dem Menschen durch das kulturelle Zusammenleben auferlegt werden. […]

IV.

[…] In vergangenen Zeiten haben die religiösen Vorstellungen trotz ihres unbestreitbaren Mangels an Beglaubigung den allerstärksten Einfluss auf die Menschheit geübt. Das ist ein neues psychologisches Problem. Man muss fragen, worin besteht die innere Kraft dieser Lehren, welchem Umstand verdanken sie ihre von der vernünftigen Anerkennung unabhängige Wirksamkeit?

V.

Ich meine, wir haben die Antwort auf beide Fragen genügend vorbereitet. Sie ergibt sich, wenn wir die psychische Genese der religiösen Vorstellungen ins Auge fassen. Diese, die sich als Lehrsätze ausgeben, sind nicht Niederschläge der Erfahrung oder Endresultate des Denkens, es sind Illusionen, Erfüllungen der ältesten, stärksten, dringendsten Wünsche der Menschheit; das Geheimnis ihrer Stärke ist die Stärke dieser Wünsche. Wir wissen schon, der schreckende Eindruck der kindlichen Hilflosigkeit hat das Bedürfnis nach Schutz – Schutz durch Liebe – erweckt, dem der Vater abgeholfen hat, die Erkenntnis von der Fortdauer dieser Hilflosigkeit durchs ganze Leben hat das Festhalten an der Existenz eines – aber nun mächtigeren – Vaters verursacht. Durch das gütige Walten der göttlichen Vorsehung wird die Angst vor den Gefahren des Lebens beschwichtigt, die Einsetzung einer sittlichen Weltordnung versichert die Erfüllung der Gerechtigkeitsforderung, die innerhalb der menschlichen Kultur so oft unerfüllt geblieben ist, die Verlängerung der irdischen Existenz durch ein zukünftiges Leben stellt den örtlichen und zeitlichen Rahmen bei, in dem sich diese Wunscherfüllungen vollziehen sollen. Antworten auf Rätselfragen der menschlichen Wissbegierde, wie nach der Entstehung der Welt und der Beziehung zwischen Körperlichem und Seelischem, werden unter den Voraussetzungen dieses Systems entwickelt; es bedeutet eine großartige Erleichterung für die Einzelpsyche, wenn die nie ganz überwundenen Konflikte der Kinderzeit aus dem Vaterkomplex ihr abgenommen und einer von allen angenommenen Lösung zugeführt werden.

IX.

Ich widerspreche Ihnen also, wenn Sie weiter folgern, dass der Mensch überhaupt den Trost der religiösen Illusion nicht entbehren kann, dass er ohne sie die Schwere des Lebens, die grausame Wirklichkeit, nicht ertragen würde. Ja, der Mensch nicht, dem Sie das süße – oder bittersüße – Gift von Kindheit an eingeflößt haben. Aber der andere, der nüchtern aufgezogen wurde? Vielleicht braucht der, der nicht an der Neurose leidet, auch keine Intoxikation, um sie zu betäuben. Gewiss wird der Mensch sich dann in einer schwierigen Situation befinden, er wird sich seine ganze Hilflosigkeit, seine Geringfügigkeit im Getriebe der Welt eingestehen müssen, nicht mehr der Mittelpunkt der Schöpfung, nicht mehr das Objekt zärtlicher Fürsorge einer gütigen Vorsehung. Er wird in derselben Lage sein wie das Kind, welches das Vaterhaus verlassen hat, in dem es ihm so warm und behaglich war. Aber nicht wahr, der Infantilismus ist dazu bestimmt, überwunden zu werden? Der Mensch kann nicht ewig Kind bleiben, er muss endlich hinaus ins »feindliche Leben«. Man darf das »die *Erziehung zur Realität*« heißen, brauche ich Ihnen noch zu verraten, dass es die einzige Absicht meiner Schrift ist, auf die Notwendigkeit dieses Fortschritts aufmerksam zu machen?

Anregungen zur Weiterarbeit

1. Fassen Sie die Biografie Freuds **M 1** kurz zusammen.
2. Recherchieren Sie Informationen zu Freuds Instanzmodell und dem „Psychischen Apparat".
3. Formulieren Sie die Hauptgedanken Freuds **M 2**.
4. Arbeiten Sie heraus, wie nach Freud Religion definiert wird und wie er sie beurteilt. Berücksichtigen Sie dabei auch seine Biografie und seine theoretischen Erkenntnisse (vgl. Aufgabe 2).
5. Interpretieren Sie das Foto im Hinblick auf das Gottesbild, das Freud mit seiner Religionskritik entwirft.
6. Setzen Sie sich mit den Thesen Freuds zur Religion auseinander.
7. Ziehen Sie aus diesen Überlegungen Konsequenzen für den christlichen Glauben an Gott.

M 3 „Sind Gläubige gesünder?"

In der Juninummer (1997) von „Psychologie heute" kann man lesen, was dort unter dem Titel des ganzen Heftes abgehandelt wurde. Der lautete nämlich: „Sind Gläubige gesünder? Die positiven Wirkungen der Religion." Chefredakteur Heiko Ernst fasst den Stand der zunehmend breiter werdenden Forschung über den Faktor Religion in Sachen seelischer Gesundheit so zusammen:
„Psychologen entdecken die Religion als einen lange Zeit unterschätzten und übersehenen Heilfaktor für die seelische und körperliche Gesundheit. Fast widerstrebend und skeptisch nehmen sie zur Kenntnis, wie sich in einer wachsenden Zahl von Untersuchungen eine enge und positive Wechselwirkung zwischen Gläubigkeit/Religiosität und gesundheitlichem Status herausschält: Wer an einen gütigen Gott oder eine andere positive transzendente Kraft oder auch ‚nur' an einen tieferen Sinn des Lebens glaubt, bewältigt Lebenskrisen, Stress und psychosoziale Konflikte leichter. Glauben begünstigt effektive ‚Coping'-Strategien. Der gläubige Mensch

- ist deshalb weniger anfällig für stressbedingte und psychosomatische Krankheiten. Glauben wirkt präventiv, bringt, falls er dennoch einmal erkrankt, mehr Vertrauen in den Heilungsprozess auf und fördert ihn so: Glauben begünstigt die Genesung;
- konsumiert weniger Alkohol, Zigaretten und andere Drogen als Nicht-Gläubige und ist entsprechend weniger durch Sucht oder andere negative Folgen dieses Konsums gefährdet: Glauben beeinflusst den Lebensstil im Sinne von gesünderen Gewohnheiten, der Gläubige kann das Sterben leichter akzeptieren und erlebt die letzte Lebensphase weniger angstvoll und verzweifelt." (S. 21)

[…] Der Münchner Religionspsychologe Bernhard Grom urteilt im gleichen Heft etwas vorsichtiger über den Wert des Glaubens: „Damit mag er Resignation und – solange die Depression nicht zu tief greift – auch Suizid verhindern, doch kann er die psychotherapeutische Arbeit in der Regel nicht ersetzen, nur unterstützen", falls sie einmal nötig wird trotz heilsamer religiöser Bindung. Dies führt zu seiner sehr neutral ausgedrückten Feststellung, die sich im Grunde an die Zunft aller Psychotherapeuten richtet: „So hat die Ansicht an Boden gewonnen, dass die kulturellen und religiösen Werte von Klienten nicht nur zu respektieren, sondern gegebenenfalls auch als Verbündete anzusprechen sind." (S. 26)

M 4 Hans Küng zur Religionskritik Freuds

„Gottesglaube mag Katalysator der äußeren, sozialen Befreiung sein. Aber die noch dringlichere innere, psychische Befreiung von Angst, Unreife und Unfreiheit?" Ich gebe zu: Mit vollem Recht kritisierte Sigmund Freud Machtarroganz und Machtmissbrauch der Kirchen, kritisierte er die Fehlformen der Religion, Realitätsblindheit, Selbsttäuschungen, Fluchtversuche und Verdrängung der Sexualität, kritisierte er aber auch ganz direkt das traditionelle autoritäre Gottesbild. In der Tat wird hinter der Ambivalenz dieses Gottesbildes sehr oft das ins Metaphysische, ins Jenseits oder in die Zukunft projizierte eigene frühkindliche Vater- oder Mutterbild sichtbar. Und selbst heute noch wird manchmal in religiösen Familien der strafende Vater-Gott von Eltern als Erziehungsinstrument zur Disziplinierung der Kinder missbraucht, mit langfristigen negativen Folgen für die Religiosität der Heranwachsenden. Der Gottesglaube erscheint so als Rückwendung zu infantilen Strukturen, als Regression auf kindliches Wünschen.
In der Zwischenzeit hat sich freilich erwiesen,
dass nicht nur die Sexualität, sondern auch die Religiosität verdrängt werden kann, dass die ältesten, stärksten, dringlichsten Wünsche der Menschheit, die Freud zufolge die Stärke der Religion ausmachen, besser nicht reine Illusion werden sollten;
dass in einer Zeit allgemeiner Orientierungs- und vielfacher Sinnlosigkeit gerade der Gottesglaube zu definitiver Sinnerfüllung im Leben und auch im Sterben verhelfen kann, aber auch zu unbedingten ethischen Maßstäben und zu einer geistigen Heimat.
So kann denn der Gottesglaube nicht zuletzt im psychischen Bereich statt einer versklavenden eine befreiende, statt einer schädigenden eine heilende, statt einer labilisierenden eine echt stabilisierende Funktion haben.

M 5 Karl-Heinz Weger: Fragen an die Kritik Freuds

Freud identifiziert jede Form religiöser Praxis und religiöser Glaubensinhalte mit Neurose, wozu er sich aus Analogieschlüssen berechtigt fühlt. Für Freud war die Ähnlichkeit zwischen Neurose und Religion so evident, dass er (wenngleich er zugibt, religiöse Lehren seien unbeweisbar wie auch unwiderlegbar) die Analogie zur Identität erhebt. Die Tragweite von Analogieschlüssen ist jedoch problematisch. C. G. Jung spricht von Freuds chronischer Unfähigkeit, Religion zu verstehen, und Freuds Freund, der Schweizer Pfarrer Pfister, schreibt ihm: „Der Unterschied liegt wohl hauptsächlich darin begründet, dass Sie in der Nähe pathologischer Religionsformen aufwuchsen und sie für ‚die Religion' ansehen, während ich das Glück hatte, mich zu einer freien Religionsform wenden zu dürfen, die Ihnen eine Entleerung des Christentums zu sein scheint, während ich in ihr das Zentrale und Substantielle des Christentums erblicke." Auch die Analogie von infantilem Verhalten und religiösem Verhalten rechtfertigt Freuds Generalisierung kaum. „Zunächst warnt unsere Analyse uns vor der trivialen Ansicht, welche die Religion des Erwachsenen für eine bloße Wiederholung der Erlebnisse des Kindes hält. Wenn ein Kind bisweilen das Bild seines irdischen Vaters auf seinen göttlichen Vater ausdehnen kann, folgt daraus noch längst nicht, dass alle religiösen Erwachsenen niemals über die Tendenz hinauskommen, sich an eine Gottheit zu klammern, die wie ein allzu nachsichtiger Vater stets auf spezielle Wünsche antwortet. Aber die gesunde Person, welche normale Intelligenz, Einsicht und emotionale Reife besitzt, weiß, dass sie niemals die Probleme ihres Lebens durch Wunschdenken lösen oder gar ihre eigene Unzulänglichkeit durch phantasievolle Erdichtungen kurieren kann" *(G. W. Allport, Werden der Persönlichkeit)*.
Weiter kann Freuds Realitätsbegriff, der vielschichtig ist, als Maßstab für gesundes oder krankhaftes Verhalten in Frage gestellt werden; denn wenn schon von vornherein feststeht, dass „Realität" nichts anderes beinhalten kann als die sinnlich wahrnehmbare Welt und empirischwissenschaftliche

Fakten, dann ist (in einer Art „circulus vitiosus") der Maßstab psychischer Gesundheit bereits so bestimmt, dass jeder Glaube an Gott krankhaft sein muss, da Gott offensichtlich nicht ein Bestandteil der empirisch fassbaren Wirklichkeit ist.
Die entscheidende Frage, die an Freuds Religionskritik zu richten ist, ist jedoch die, ob Freud dem Gläubigen nicht eine Begründung seiner Gläubigkeit unterstellt, die von diesem selbst nicht geteilt wird. Für Freud ist Religion Illusion und gründet auf infantilem Wunschdenken. Wo Freud sich mit der Religion auseinandersetzt, geht es ihm kaum um die mögliche Wahrheit religiösen Glaubens; nicht also darum, ob Gott existiert, sondern darum, wie die Menschheit überhaupt auf die Idee kommen konnte, es gäbe eine weltjenseitige Wirklichkeit, die Gott heißt und ist. Das impliziert nun weiter, dass Freud sich nie ernsthaft mit den philosophischen Argumenten der Existenz Gottes auseinandergesetzt hat. Gottesbeweise (oder Gottesaufweise) schließen nicht vom Wunsch auf Wirklichkeit, sondern von Wirklichkeit (genauer: deren Möglichkeitsbedingungen) auf Wirklichkeit. Wäre der Glaube an Gott nichts anderes als Wunschdenken (dazu noch infantilen Ursprungs), wäre er m. a. W. Hoffnung ohne Grund, dann, aber auch nur dann, hätte Freud recht.

M 6 Heutige Einschätzungen zur Religionskritik Freuds

Selbst die klassischen Freudianer halten heute nicht mehr für der Weisheit letzten Schluss, was Sigmund Freud über die Religion als eine Zwangsneurose und eine reine Vaterprojektion aus Angst und Wunsch darstellte. Der Tübinger Psychoanalytiker Heinz Henseler hat darüber in seinem Buch „Religion – Illusion? Eine psychoanalytische Deutung" (Göttingen 1995) unlängst sachkundig Bilanz gezogen. Er schreibt: „Sichtet man Freuds Thesen über die psychische Genese von Religion beziehungsweise Religiosität, und streicht man davon alles, was sich über die Jahrzehnte nicht halten ließ, bleiben doch einige gewichtige Beobachtungen und Überlegungen, die mehr oder weniger für alle Religionen gelten und zu Deutungen herausfordern. (…) Da sind die elementaren Wünsche nach Belehrung, Trost und ethischer Anleitung angesichts der Bedrohtheit und Hilflosigkeit des Menschen; da sind die nur scheinbar vorreligiösen Phänomene der Magie, von Tabu und Mana (…); da sind die Vaterreligionen mit ihrem Schwanken zwischen Vatersehnsucht und Sohnestrotz. Allen diesen Phänomenen zugrunde liegt das elementare Bedürfnis nach Rettung aus Ohnmacht, Kleinheit, Unvollkommenheit, Abhängigkeit, Unsicherheit und der dringende Wunsch nach Macht, Größe, Vollkommenheit, Sicherheit durch Teilnahme an solchen Eigenschaften eines über alle Nöte erhabenen Wesens (…)."

Anregungen zur Weiterarbeit

1. Fassen Sie die Entgegnungen zur Religionskritik Freuds M 3 bis M 6 pointiert zusammen.
2. Untersuchen Sie aufgrund Ihrer bisherigen Ergebnisse und von M 3 bis M 6 die Berechtigung und Grenzen der Thesen Freuds.
3. Fassen Sie Ihre Ergebnisse in einem an Sigmund Freud gerichteten Brief zusammen.

4.4 Die Religionskritik Friedrich Nietzsches

M1 Biografie Friedrich Nietzsches

Friedrich Wilhelm Nietzsche wurde 1884 in Röcken bei Lützen als Sohn des dortigen evangelischen Pfarrers geboren. Nietzsche verlor mit fünf Jahren den Vater und wuchs ganz in weiblicher Umgebung und im Geiste protestantischer Frömmigkeit auf. Er war ein empfindsamer, etwas weicher Knabe, versuchte aber schon damals, dem durch Abhärtung und eiserne Selbstbeherrschung entgegenzuwirken.

Er studierte in Bonn und Leipzig klassische Philologie. In Leipzig fand er im Antiquariat das Hauptwerk Arthur Schopenhauers, las es in einem Zuge und ließ diesen düsteren Genius ganz auf sich wirken. Schon vorher aber war Nietzsche mit dem Werke Richard Wagners bekannt geworden, das den Geist Schopenhauers atmete. Nietzsche liebte die Musik. Er verstand durch stundenlanges freies Fantasieren auf dem Flügel seine Hörer stets tief zu ergreifen. Nietzsche traf Wagner in Leipzig persönlich und wurde einer seiner leidenschaftlichen Verehrer.

Schon vor Abschluss seines Studiums hatte Nietzsche einige kleinere philologische Arbeiten veröffentlicht. Sie trugen dem Vierundzwanzigjährigen einen Ruf als außerordentlicher Professor der klassischen Philologie an der Universität Basel ein.

Deutschlands Machtanstieg nach 1870 war für Nietzsche Anlass zur Kritik und Besorgnis. Nietzsches zeitkritische Gedanken sind enthalten in den „Unzeitgemäßen Betrachtungen" (1873–1876).

Nietzsche widmete sich wiederum dem Werk Richard Wagners und nennt Wagner als Erzieher zu einer neuen veredelten Kultur. Bald nach dieser Verherrlichung Wagners folgte Nietzsches Bruch mit ihm. Der Hauptvorwurf Nietzsches gegen Wagner war, dass dieser mit dem „Parsifal" vor den lebensverneinenden Idealen des Christentums zu Kreuze gekrochen sei.

Der Bruch mit Wagner bezeichnete den Übergang von der ersten Periode in Nietzsches innerer Entwicklung zur zweiten. Er wandte sich nun ab von den Idealen und den Meistern, die er bis dahin verehrt hatte. Nietzsche wurde kritisch gegen die Kunst, gegen die Metaphysik. Er suchte das Heil nun in der Wissenschaft und näherte sich einem naturalistischen Positivismus. Sein Buch „Menschliches, Allzumenschliches, ein Buch für freie Geister" (1878–1880) zeugt davon. In dieser Zeit erfolgte der erste körperliche Zusammenbruch. Nietzsche hatte schon 1876 einen einjährigen Krankheitsurlaub erbitten müssen, bald darauf seine Pensionierung. Die Stadt Basel zahlte ihm bis an sein Lebensende eine Pension.

Den Winter 1882/83 verlebte er an der Bucht von Rapallo. Hier entstanden die Gedanken zu seinem Hauptwerk „Also sprach Zarathustra". Dieses Werk stellte eine dichterische Gestaltung der philosophischen Gedanken Nietzsches dar. Nietzsche vereinsamte immer mehr. Auch seine Bücher fanden so gut wie keine Beachtung. In dieser unheimlichen Stille, die ihn umgab, steigerte sich Nietzsches Selbstschätzung immer mehr. Seine Sprache wurde immer leidenschaftlicher und lauter.

Das Jahr 1888 brachte einen neuen Höhepunkt in seinem Schaffen. Nietzsche schrieb „Der Fall Wagner", eine erbitterte Abrechung mit Wagner. Er veröffentlichte die „Götterdämmerung" und den „Antichrist" – beides leidenschaftliche Angriffe gegen das Christentum. Er schrieb endlich in den letzten Monaten dieses Jahres die Selbstbiografie „Ecce homo". Nietzsche über sein Werk: „Ich habe jetzt mit einem Zynismus, der welthistorisch werden wird, mich selbst erzählt. Das Buch … ist ein Attentat ohne die geringste Rücksicht auf den Gekreuzigten; es endet in Dornen und Wetterschlägen gegen alles, was christlich ist … Ich schwöre …, dass wir in zwei Jahren die ganze Erde in Konvulsion haben werden. Ich bin ein Verhängnis."

Der jahrelange einsame Kampf Nietzsches um eine Umwertung aller Werte hatte seine körperlichen und geistigen Kräfte aufgezehrt. Er war fast erblindet. Anfang 1889 erlitt Nietzsche in Turin einen paralytischen Schock, wohl infolge einer früher zugezogenen Infektion.

Nietzsche wurde nach Basel, dann nach Jena in eine Klinik gebracht. Darauf nahm ihn seine Mutter zu sich. Unter ihrer aufopfernden Pflege, später auch der seiner Schwester Elisabeth Förster-Nietzsche, lebte er noch elf Jahre in einem Dämmerzustand, aus dem ihn der Tod endlich im Jahre 1900 erlöste.

Anregungen zur Weiterarbeit

1. Nennen Sie die wichtigsten Stationen im Leben Nietzsches und erstellen Sie auf dieser Grundlage ein Charakterprofil des Philosophen.
2. Arbeiten Sie aus der Biografie Nietzsches erste Ansätze seiner Religionskritik heraus.

M 2 Friedrich Nietzsche: Der tolle Mensch

Habt ihr nicht von jenem tollen (= verrückten) Menschen gehört, der am hellen Vormittag eine Laterne anzündete, auf den Markt lief und unaufhörlich schrie: „Ich suche Gott! Ich suche Gott!" – Da dort gerade viele von denen zusammenstanden, welche nicht an Gott glaubten, so erregte er ein großes Gelächter.

Ist er denn verloren gegangen? sagte der eine. Hat er sich verlaufen wie ein Kind? sagte der andere. Oder hält er sich versteckt? Fürchtet er sich vor uns? Ist er zu Schiff gegangen? Ausgewandert? – so schrien und lachten sie durcheinander.

Der tolle Mensch sprang mitten unter sie und durchbohrte sie mit seinen Blicken. „Wohin ist Gott?", rief er, „ich will es euch sagen! *Wir haben ihn getötet* – ihr und ich! Wir alle sind Mörder! Aber wie haben wir dies gemacht? Wie vermochten wir das Meer auszutrinken? Wer gab uns den Schwamm, um den ganzen Horizont wegzuwischen? Was taten wir, als wir diese Erde von ihrer Sonne losketteten? Wohin bewegt sie sich nun? Wohin bewegen wir uns? Fort von allen Sonnen? Stürzen wir nicht fortwährend? Und rückwärts, seitwärts, vorwärts, nach allen Seiten? Gibt es noch ein Oben und ein Unten? Irren wir nicht wie durch ein unendliches Nichts? Haucht uns nicht der leere Raum an? Ist es nicht kälter geworden? Kommt nicht immerfort die Nacht und mehr Nacht? Müssen nicht Laternen am Vormittage angezündet werden? Hören wir noch nichts von dem Lärm der Totengräber, welche Gott begraben? Riechen wir noch nichts von der göttlichen Verwesung? – auch Götter verwesen! Gott ist tot! Gott bleibt tot! Und wir haben ihn getötet! Wie trösten wir uns Mörder? Das Heiligste und Mächtigste, was die Welt bisher besaß, es ist unter unsern Messern verblutet – wer wischt dies Blut von uns ab? Mit welchem Wasser könnten wir uns reinigen? Welche Sühnefeiern, welche heiligen Spiele werden wir erfinden müssen? Ist nicht die Größe dieser Tat zu groß für uns? Müssen wir nicht selber zu Göttern werden, um nur ihrer würdig zu erscheinen? Es gab nie eine größere Tat – und wer nur immer nach uns geboren wird, gehört um dieser Tat willen in eine höhere Geschichte, als alle Geschichte bisher war!" – Hier schwieg der tolle Mensch und sah wieder seine Zuhörer an: Auch sie schwiegen und blickten befremdet auf ihn. Endlich warf er seine Laterne auf den Boden, dass sie in Stücke sprang und erlosch. „Ich komme zu früh", sagte er dann, „ich bin noch nicht an der Zeit. Dies ungeheure Ereignis ist noch unterwegs und wandert – es ist noch nicht bis zu den Ohren der Menschen gedrungen. Blitz und Donner brauchen Zeit, auch nachdem sie getan sind, um gesehn und gehört zu werden. Diese Tat ist ihnen immer noch ferner als die fernsten Gestirne – *und doch haben sie dieselbe getan*!" – Man erzählt noch, dass der tolle Mensch desselbigen Tages in verschiedenen Kirchen eingedrungen sei und darin sein *Requiem aeternam deo* (= „(Gib) Gott die ewige Ruhe") angestimmt habe. Hinausgeführt und zur Rede gesetzt, habe er immer nur dies entgegnet: „Was sind denn diese Kirchen noch, wenn sie nicht die Grüfte und Grabmäler Gottes sind?"

Anregungen zur Weiterarbeit

1. Stellen Sie den Gedankengang des Textes M 2 dar.
2. Formulieren Sie die Religionskritik Nietzsches.
3. Erläutern Sie, welche Konsequenzen der Gottestod für die Menschen hat. Berücksichtigen Sie an dieser Stelle den Cartoon von Seite 60.
4. Nehmen Sie Stellung zu der Kritik Nietzsches. Lesen Sie vertiefend und zur Unterstützung Ihrer Argumentation M 3 und M 4.

M 3 Peter Kliemann: Nietzsche für Christen?

Nietzsche ist der Philosoph einer weltanschaulichen und kulturellen Krise, deren Tragweite bis heute noch oft verkannt wird. Durch die Aufklärung des 17. und 18. Jahrhunderts wurde die Selbstverständlichkeit christlicher Denktradition in Frage gestellt und durch die Industrialisierung des 19. Jahrhunderts die Selbstverständlichkeit jahrhundertealter Arbeits-, Familien- und Wohnstrukturen. Diese Aufhebung gewachsener Strukturen führte zu einer allgemeinen weltanschaulichen Orientierungskrise, die sich auf alle Bereiche der Gesellschaft erstreckt und bis heute nicht bewältigt ist. Nietzsche geißelt und verhöhnt nun erbarmungslos all die – Christen und Nichtchristen –, die diese Krise nicht wahrhaben wollen. Er unterstellt ihnen, an überkommenen Werten und Normen nur deshalb festzuhalten, weil sie sich dem Chaos, der Sinnlosigkeit nicht auszusetzen wagen. Dass Nietzsche hier weitgehend richtig diagnostiziert, wird jeder bestätigen, der sich – z. B. im Zusammenhang mit der Literatur und Kunst des sogenannten fin de siècle – etwas genauer mit dem bürgerlichen Lebensstil des ausgehenden 19. Jahrhunderts beschäftigt. Vieles ist im Wilhelminischen Deutschland Heuchelei und doppelte Moral, vieles nur Fassade, wie man sich z. B. anschaulich an der Architektur von Wohnhäusern aus dieser Zeit klar machen kann: vorne eine repräsentative Ansicht mit wohl ausgestatteten Bürgerwohnungen, dahinter zwei, drei oder mehr dunkle Hinterhöfe, vorgesehen für das proletarische Elend der Gesellschaft. Festzuhalten wäre außerdem, dass Nietzsche, aller vordergründigen Empörung über ihn zum Trotz, der Philosoph ist, nach dessen Programm große Teile der Bevölkerung heute faktisch leben. Der von Nietzsche gepredigte, von ihm selbst aber gar nicht praktizierte Egoismus, der rücksichtlose Kampf um das Recht des Stärkeren, die oft nur notdürftig kaschierte Ellenbogengesellschaft sind für viele Mitbürger heute ein in die Praxis umgesetztes Lebensmodell, meist allerdings nicht ganz so lustvoll und schöpferisch ausgelebt wie von Nietzsche beschrieben. Auch für Nietzsches Kritik an christlichem Duckmäusertum, an religiös legitimierter Verklemmtheit und Doppelmoral gibt es heute sicher zahlreiche Belege. Dass sich hinter angeblicher christlicher Nächstenliebe, Hilfsbereitschaft und Bescheidenheit oft mit persönlichen Schwächen verknüpfte Motive verbergen, kann ebenfalls nicht einfach geleugnet werden. Ob allerdings der Vorwurf zutrifft, der christliche Gottesglaube sei von seinem Kern her schlechthin eine Religion der Schwächlinge und von seinem Ziel her glücks- und lebensfeindlich, ist mehr als fraglich. Es mag hier der Hinweis genügen, dass der Gründer der christlichen Religion, Jesus von Nazareth, anders als z. B. die Mönche von Qumran, kein Asket war (vgl. z. B. Mk 2,18 ff.; Mt 11,19), dass er das Gottesreich, von dem er sprach, hier auf Erden schon Wirklichkeit werden ließ (vgl. Mt 11,4 f.) und dass auch sein Kreuzestod nicht zwangsläufig als Zeichen von Schwäche gesehen werden muss.

Bei allem Verständnis für Nietzsches Kultur- und Religionskritik wird sich christlicher Glaube aber vor allem an einem Punkt ganz klar von Nietzsche abgrenzen müssen: Die bei Nietzsche gedanklich zumindest angelegte und von drittklassigen Epigonen z. B. während der Zeit des Nationalsozialismus in Massenmord umgesetzte Vernichtung von Schwachen und Wehrlosen wird sich niemals und in keinem Zusammenhang mit dem Glauben an Gott vereinbaren lassen, von dem es heißt: „Das geknickte Rohr wird er nicht zerbrechen, und den glimmenden Docht wird er nicht auslöschen" (Jes 42,3). Der Gott der Bibel zeigt sich in allen Schichten der Bibel immer wieder als ein Anwalt der Schwachen, Hilflosen und Entrechteten, und er erwartet ebendiese Haltung auch von denen, die an ihn glauben. Der christliche Glaube geht deshalb auch davon aus, dass hilfreiche Zuwendung zum Nächsten nicht geheuchelt sein und auch nicht auf Kosten der Selbstentfaltung des Einzelnen gehen muss. Denn es heißt in der Bibel nicht „Du sollst deinen Nächsten lieben *statt* dich selbst!", sondern „Du sollst deinen Nächsten lieben *wie* dich selbst!" (Mk 12,31 par; 3. Mose 19,18).

M 4 Heinz Zahrnt zu den Thesen Nietzsches

Aller Glaube findet heute im Schatten jenes Vorgangs statt, den Friedrich Nietzsche einst den „Tod Gottes" genannt und als das „größte neuere Ereignis der Geschichte" datiert hat. Man kann sich dieses Ereignis gar nicht universal und durchgreifend genug vorstellen. Nietzsches Todeserklärung Gottes bedeutet nicht nur, dass der Glaube an Gott geschwunden und die Frage nach ihm ein für allemal verstummt ist, sondern dass in einer unaufhaltsamen Bewegung vom Jenseits zum Diesseits alle abendländische Metaphysik ans Ende gelangt ist. Der metaphysische Himmel ist eingestürzt und damit als Grundgefüge des Seienden insgesamt erschüttert. Die bis dahin geglaubte jenseitig-übersinnliche Welt, die wie das Licht der Sonne über der Erde stand und ihr den Horizont setzte, ist unwirklich und unwirksam geworden und spendet kein Leben mehr. […] Fortan gibt es nicht mehr zwei geteilte, gegensätzliche Welten – eine jenseitig-übernatürliche „oben" und eine diesseitig-natürliche „unten", sondern nur noch die eine ungeteilte Welt, in der wir leben. Der Mensch kam in sein Eigentum und forderte die an den Himmel verschleuderten Sätze zurück. Zum ersten Mal in seiner Geschichte steht er nur noch sich selbst gegenüber und lebt in seiner Welt so, „als ob es Gott nicht gäbe". […] Der Absolutheitsanspruch der Kirche: „Außerhalb der Kirche ist kein Heil" muss abgelöst werden durch das Gebot: „Außerhalb der Welt gibt es kein Heil". Indem der neuzeitliche Säkularisierungsprozess die Vorstellung von einer jenseitigen göttlichen Überwelt zunichte macht, hat er den Glauben zugleich neu „geerdet": Gott ist nicht dort, wo „oben" über uns der „Himmel" ist, sondern „Himmel" ist überall dort, wo mitten unter uns „Gott" ist – und Gott ist „allenthalben". Es handelt sich beim Glauben an Gott mithin nicht um die Hinzufügung einer zweiten, göttlichen Wirklichkeit zur sichtbar vorhandenen Wirklichkeit der Welt – vielmehr erschließt der Glaube die sichtbar vorhandene Wirklichkeit der Welt in ihrer Tiefe: dass sie Gottes Welt ist und immer mehr werden soll. Entweder wir erfahren Gott in der Wirklichkeit der hiesigen Welt – oder wir erfahren ihn überhaupt nicht. […] Entsprechend hat die Theologie, wenn sie heute von Gott redet, nicht „oben" einzusetzen, weder mit einer vorgegebenen Metaphysik noch mit einer im voraus anzuerkennenden Autorität der „Heiligen Schrift", sondern die Theologie hat „unten" anzufangen, in der Welt, in der wir leben. Wahrmachung des Namens Gottes ist nur in der Wahrnehmung der Welt möglich. Glaubwürdig gelingt es nur dort, wo das Wort „Gott" im Kontext menschlichen Lebens zur Sprache kommt und der Glaube sich im Erfahrungshorizont menschlichen Daseins als realistisch und reell erweist. Christen sind keine „Hinterweltler", wie Friedrich Nietzsche spottete, sondern „Weltkinder". Sie machen keine anderen Erfahrungen als Menschen sonst; sie erfahren nur in dem, was ihnen widerfährt, Gottes heilsame Nähe.

4.5 Gott (tatsächlich) in Frage? – Zusammenfassung

M1 Religionskritik auf vier Rädern – der Atheistenbus

Religionskritik ist wieder „in" […]. Ihre Argumentationsgrundlage hat sie dadurch sicher ergänzen können, die Vorwürfe, die atheistische Kritik insbesondere gegenüber dem Christentum erhebt, haben sich in den letzten zwei Jahrhunderten dadurch aber nicht verändert. Nach wie vor versucht man dem christlichen Glauben zu unterstellen, er stehe für Intoleranz, fördere Unterdrückung und Gewalt, wirke antiemanzipatorisch, entmündige die Gläubigen und behindere seine Anhänger an der Übernahme von Verantwortung für eine humanere Gestaltung der Welt. Der ganze Strauß der klassischen religionskritischen Argumente taucht wieder auf. Für viele sichtbar wurde diese Neubelebung atheistischer Kritik, als im Frühjahr 2009 ein sogenannter Atheistenbus durch Deutschland tourte. Start und Ziel der Reise war Berlin. Die Tour der Atheisten führte kreisförmig durch die Republik mit Stationen in den Metropolen, u. a. Dresden, München, Köln, Hamburg und Rostock. Die Idee zu dieser Kampagne war im Sommer 2008 in London entstanden. Eine britische Journalistin sah an einer Straßenkreuzung nacheinander zwei Autobusse mit einem Bibelzitat über die Kreuzung fahren. Als sie zu Hause dieses Bibelzitat nachschaute und ihr dort als Ungläubiger Höllenstrafen angekündigt wurden, entschloss sie sich, dem eine atheistische Werbung an 20 Bussen entgegenzusetzen. Ihre Initiative verbreitete sich schnell, ihr schlossen sich einige Wissenschaftler und Prominente an. Bis zum Sommer 2009 hatte die Idee in vielen Ländern Nachahmer gefunden. In einigen Ländern, wie auch in Deutschland, wurde die Plakatierung auf öffentlichen Verkehrsmitteln nicht erlaubt, sodass die Unterstützer eigene Bustouren organisieren mussten. In einigen Ländern wurde der Atheistenbuskampagne auch eine Christenbuskampagne entgegengesetzt. In Deutschland ist ein solcher Christenbus dem Atheistenbus gefolgt.

Anregungen zur Weiterarbeit

1. Formulieren Sie die Intention dieser Kampagne.
2. Erläutern Sie, warum die britische Journalistin die Buskampagne gestartet hat.
3. Setzen Sie sich mit folgender Situation auseinander: Sie stehen an einer Straße, an Ihnen fährt der Atheistenbus mit seiner Botschaft vorüber. Formulieren Sie Ihre Gedanken zu diesem Anblick und dieser Kampagne.
4. In Deutschland folgte dem Atheistenbus ein Christenbus. Entwerfen Sie Banner für einen solchen Bus, der deutlich macht, wie Christen und Sie Gott und Religion empfinden. Greifen Sie hierzu auf die Ergebnisse, die Sie im Laufe dieses Themenheftes erarbeitet haben, und Bibeltexte zurück.
5. Ziehen Sie Konsequenzen aus der Religionskritik und der Atheistenbuskampagne für den christlichen Glauben. Schreiben Sie einen Brief an die britische Journalistin, in dem Sie Ihre Meinung zur Religionskritik deutlich machen. Lesen Sie als Anregung M 2 und M 3.

M 2 Peter Kliemann: Kann man die Existenz Gottes beweisen?

Versucht man, aus [der] Auseinandersetzung mit ausgewählten Positionen des neuzeitlichen Atheismus ein Fazit zu ziehen, dann wäre zunächst festzustellen, dass das Christentum durch die Thesen von Feuerbach, Marx und Nietzsche auf Schwächen und Fehlentwicklungen aufmerksam gemacht wurde, die sonst wahrscheinlich noch lange unausgesprochen und unkorrigiert geblieben wären. Man könnte also sagen, dass die genannten Philosophen, aber natürlich auch andere, dem Christentum in geradezu prophetischer Art und Weise behilflich waren. Sie haben die christlichen Kirchen und die christliche Theologie mit Nachdruck an den Kern ihres Glaubens erinnert.

Darüber hinaus sollte aber deutlich geworden sein, dass man mit logischen Argumenten die Existenz Gottes ebenso wenig beweisen wie widerlegen kann. Beides, die Existenz wie die Nicht-Existenz Gottes, ist logisch möglich, und es kann nur um die Frage gehen, auf welche Sicht der Wirklichkeit sich der Einzelne in seinem Leben aus welchen Gründen praktisch einlassen, d. h. wiederum, woran er „sein Herz hängen" will.

Das, was für oder gegen den Gottesglauben oder den Atheismus spricht, lässt sich in vernünftiger Diskussion gegeneinander abwägen, und man kann auch anhand von Biografien und Lebensbildern einigermaßen plausibel machen, wie der Gottesglaube oder der Atheismus sich im konkreten Lebens-

vollzug des Einzelnen und der Gemeinschaft auswirken können. Die Entscheidung, das Thema zu verdrängen oder sich bewusst nicht zu entscheiden, muss jedoch jeder für sich selbst treffen.
Dass der Mensch sich entscheiden soll und dass seine Entscheidung nicht bedeutungslos ist, ist dabei allerdings ein zentrales Anliegen der biblischen Tradition. Der Weg zum rechten Glauben kann in der Bibel sehr lang und kompliziert sein (vgl. z. B. die Biografie des Mose); er kann mit Verweigerung und Auflehnung gegenüber Gott verbunden sein (vgl. z. B. Jona oder Hiob); er enthält oft auch ein Element der Unsicherheit und des Zweifels (vgl. z. B. Mk 9,24; Joh 20,24 ff.) – aber schließlich muss der Mensch sich doch entscheiden, und zwar nicht nur halbherzig, sondern ohne Wenn und Aber (vgl. dazu Lk 9,57–62).

M3 Hans Küng über die Religionskritik

Wer heute an Gott glaubt – zunächst allgemein umschrieben als transzendent-immanente, allumgreifend alldurchwaltende wirklichste Wirklichkeit im Menschen und in aller Welt –, der braucht weder ins Mittelalter noch in die Reformationszeit noch in die eigene Kindheit zurückzufallen, der kann durchaus Zeitgenosse unter Zeitgenossen sein – gerade heute, im schmerzhaft langsamen Übergang zu einer nachmodernen Weltepoche.
Meine Antwort also auf die moderne Religionskritik zusammengefasst:
Der Gottesglaube war und ist gewiss oft autoritär, tyrannisch und reaktionär. Er kann Angst, Unreife, Engstirnigkeit, Intoleranz, Ungerechtigkeit, Frustration und soziale Abstinenz produzieren, kann geradezu Unmoral, gesellschaftliche Missstände und Kriege in einem Volk oder zwischen Völkern legitimieren und inspirieren. Aber:
Der Gottesglaube konnte sich gerade in den letzten Jahrzehnten wieder zunehmend als befreiend, zukunftsorientiert und menschenfreundlich erweisen: Gottesglaube kann Lebensvertrauen, Reife, Weitherzigkeit, Toleranz, Solidarität, kreatives und soziales Engagement verbreiten, kann geistige Erneuerung, gesellschaftliche Reformen und den Weltfrieden fördern.

Abschließende Anregung zur Weiterarbeit

Im Laufe des Themenheftes haben Sie sich mit verschiedenen Fragen zum Thema Gott auseinandergesetzt: Wer oder was ist Gott? Wie ist Gott? Warum lässt Gott das Leid der Welt zu, und gibt es Gott überhaupt? Nehmen Sie abschließend noch einmal Ihren zu Beginn des Themenheftes gestalteten Steckbrief für Gott in den Blick. Überarbeiten und ergänzen Sie ihn, gestalten Sie ihn ggf. neu, indem Sie die im Laufe der Zeit mit diesem Themenheft erworbenen Ergebnisse einarbeiten, sodass deutlich wird, dass Sie mit diesem Steckbrief Gott in gewissem Sinne „gefunden" haben. Gestalten Sie den Steckbrief individuell mit Bibelzitaten, Zeichnungen, Karikaturen, Liedern, selbstverfassten Texten, Aphorismen etc.

5 Methoden

Gruppenpuzzle

Mit dieser Methode vermitteln Sie sich gegenseitig Ergebnisse aus arbeitsteiligen Gruppenarbeiten. Alle Schüler und Schülerinnen sind bei dieser Methode involviert und zur aktiven Mitarbeit aufgerufen.

Vorgehensweise
Jedem Schüler wird ein Buchstabe zugewiesen. Bei vier Materialien, die es zu erarbeiten gilt, sind es die Buchstaben A bis D.
Alle Schüler mit gleichem Buchstaben bilden zunächst die „Expertengruppe". Jedes Gruppenmitglied liest intensiv den Text/das Material. Anschließend können innerhalb der Gruppe ggf. entstandene Fragen beantwortet werden. Die Expertengruppe bearbeitet dann die zu erledigenden Arbeitsaufträge.

In einem folgenden Schritt werden die Expertengruppen aufgelöst bzw. neu gemischt: Je ein Experte aus jeder Gruppe bildet mit den anderen Experten eine neue Gruppe, sodass sich immer ein Vertreter eines jeden Buchstabens in der Gruppe befindet. (Es entsteht die Gruppenstruktur A bis D.)
Nun tragen die einzelnen Experten ihre Ergebnisse nacheinander vor, sodass jedes Gruppenmitglied alle Informationen aus den Gruppen A bis D erhält.
Nach jedem Expertenvortrag kann eine kurze Sicherungsphase erfolgen, in der die Gruppenmitglieder die wichtigsten Ergebnisse in ihren Unterlagen sichern.

Innerer Monolog

Mit dieser Methode versetzen Sie sich in den jeweiligen Charakter bzw. die jeweilige Person hinein. Sie formulieren deren Gefühle und Gedanken in einer bestimmten Situation, die Ihnen durch den Arbeitsauftrag vorgegeben ist. Das fördert nicht nur Ihre Empathiefähigkeit, sondern trägt auch zur (weiterführenden) Interpretation eines Aspekts bei.

Vorgehensweise
Lernen Sie die Figur zunächst kennen: Ermitteln Sie die wichtigsten Informationen, die Ihnen Ihr Material gibt, zum Beispiel Name, Herkunft, Charakteristika etc. Nehmen Sie dann die Situation in den Blick, in der sich die Person gerade befindet: Wie fühlt sich die Person in dieser Situation? Welche positiven und/oder negativen Konsequenzen hat die Situation für die Person und vielleicht auch für weitere Personen? Befindet sich die Person in einem inneren Konflikt? Hat sie Angst, empfindet sie Freude, Glück etc.?
Formulieren Sie nach dieser intensiven Vorarbeit den inneren Monolog. Wählen Sie als Tempus das Präsens und formulieren Sie in ganzen Sätzen, aber auch Halbsätze oder „Gedankenfetzen" sind erlaubt.

Schreibgespräch

Beim Schreibgespräch kommunizieren die Gruppenmitglieder schriftlich, das heißt ohne Worte. Dies hat den Vorteil, dass Beiträge zu einem bestimmten Thema vorher mehr strukturiert werden, als es zum Beispiel bei einem Plenumsgespräch oftmals der Fall ist. Darüber hinaus wird jedem Schüler/jeder Schülerin auf diese Weise die Möglichkeit gegeben, sich aktiv mit einem Thema auseinanderzusetzen.

Vorgehensweise
Bilden Sie kleine Gruppen (3–4 Schüler/Schülerinnen). Auf einem großen Blatt wird das Thema, über das „gesprochen" werden soll, in der Mitte notiert. Jedes Gruppenmitglied hat nun die Gelegenheit, das zu formulieren, was ihm zu diesem Thema einfällt oder wichtig ist. Wichtig ist, dass dies in absoluter Stille geschieht. Durch Drehen des Blattes können Sie die Beiträge Ihrer Gruppenmitglieder lesen und schriftlich auf diese Gedanken Bezug nehmen.
Das Schreibgespräch ist beendet, wenn kein Gruppenmitglied mehr etwas schreiben möchte.
Die Ergebnisse können anschließend kurz schriftlich zusammengefasst und im Plenum besprochen und diskutiert werden.

Stimmenskulptur

Bei dieser Methode werden die Stimmen, die im Kopf einer Person diskutieren, miteinander streiten, sich unterstützen, sich trösten etc. buchstäblich zur Sprache gebracht. Darüber hinaus ist es möglich, Stimmungen aus einzelnen Texten und Textpassagen herauszustellen (wie z. B. den Psalmen), um sich so einen Gesamteindruck vom Text zu verschaffen und ihn auf diese Weise zu interpretieren.

Vorgehensweise
Bilden Sie Gruppen von max. 6 Mitgliedern.
Bei der Stimmenskulptur können Stimmen einer oder auch mehreren Personen „zu Wort kommen". Positionieren Sie die Person so, wie sie ihre innere Haltung aufgrund des Textes am deutlichsten werden lässt. Im nächsten Schritt formulieren Sie innere Stimmen der Personen, die sie positiv oder negativ beeinflusst haben könnten. Überlegen Sie dann, wie der Satz intoniert werden muss, um seine Aussagekraft zu verdeutlichen. Treten Sie hinter und um die Person, sprechen Sie dann als „innere Stimme" und lassen Sie sich vom „Stimmenchorleiter" aufrufen und leiten; er koordiniert Lautstärke, Schnelligkeit, Reihenfolge der Stimmen etc.
Die Figur in der Mitte prüft, inwiefern die „inneren Stimmen" passend sind, ggf. werden Änderungen vorgenommen, so lange, bis der „Stimmenchor" den Vorstellungen der Figur entspricht.

Zu den Psalmen: Vier der sechs Gruppenmitglieder wählen sich jeweils einen Psalm aus. Das fünfte Gruppenmitglied positioniert sich so, wie es zu den ausgewählten Psalmen passt. Die „Psalmenstimmen“ proben derweil ihre Psalmen bzgl. Intonation etc.
Der „Chorleiter“ (Gruppenmitglied 6) leitet anschließend die Stimmen, sodass dann das Gottesbild herausgearbeitet werden kann.

Im anschließenden Plenumsgespräch äußern sich sowohl die Zuhörer als auch der Stimmenchor zur Stimmenskulptur, sodass insgesamt die Intention des Textes bzw. des Materials herausgearbeitet wird.

Streitlinie

Diese Methode fordert Sie auf, sich mit einem Thema intensiv auseinanderzusetzen. Dabei nehmen Sie nicht nur die Pro-, sondern auch die Kontra-Haltung zu dem vorgegebenen Thema ein. Auf diese Weise schulen Sie Ihren Perspektivenwechsel und erarbeiten verschiedene, gegensätzliche Argumentationen. Ihre komplette Lerngruppe ist dabei involviert und gestaltet aktiv den Unterricht mit.

Vorgehensweise
Teilen Sie sich innerhalb Ihrer Lerngruppe in zwei gleich große Gruppen auf. Stellen Sie sich in zwei Reihen gegenüber, sodass jeder von Ihnen einen Gesprächspartner hat. Einigen Sie sich zunächst, welche Reihe die Pro- und welche die Kontra-Argumentation übernimmt. Kommen Sie dann alle gleichzeitig zu dem vorgegebenen Thema ins Gespräch und diskutieren Sie mit Ihrem Gegenüber.
Nach einer gewissen Zeit (wenige Minuten) wechseln Argumentation und Diskussionspartner: In einer Reihe rücken die Teilnehmer zwei Diskussionspartner weiter, sodass jeder einen neuen Partner vor sich hat. Zudem wird die Pro- und Kontra-Argumentation vertauscht, sodass nun jeder die jeweils gegensätzliche Perspektive einnimmt. Kommen Sie dann wieder alle gleichzeitig zum gleichen Thema ins Gespräch und diskutieren Sie mit Ihrem Gegenüber. Nach wenigen Minuten ist die Diskussion beendet.
In der anschließenden Auswertung können zum Beispiel die Argumente gesichert werden, die zu dem jeweiligen Thema genannt wurden, die besonders häufig genannt wurden etc.

6 Operatoren

Die Vorschläge zur Weiterarbeit sind weitgehend unter Zuhilfenahme der Operatoren formuliert, die angeben, welche Tätigkeiten beim Lösen von Aufgaben gefordert werden. Sie sind den „Einheitlichen Prüfungsanforderungen in der Abiturprüfung Katholische Religion“ (EPA), die die Kultusministerkonferenz 2006 beschlossen hat, entnommen. Dort sind sie für das Formulieren von Abiturprüfungsaufgaben verbindlich festgelegt und bestimmten Anforderungsbereichen zugeordnet worden. Der Anforderungsbereich II soll bei einer Prüfaufgabe (Klausur) mit ca. 40 % vertreten sein, die Bereiche II und III mit jeweils ca. 30 %. Obgleich man zwischen Prüfaufgaben und Lernaufgaben unterscheiden muss - und dieses Heft sich mit Lernaufgaben befasst, die natürlich mehr umfassen als Prüfbares - ist es sinnvoll, mit den Operatoren bereits in der gymnasialen Oberstufe und soweit wie möglich auch bei Lernaufgaben zu arbeiten, damit die Schülerinnen und Schüler frühzeitig Gelegenheit erhalten, sich mit den durch die Operatoren angezeigten Anforderungsbereichen vertraut zu machen. Im Folgenden wird die Operatorenliste der EPA wiedergegeben. Einzelne Bundesländer haben sich auf eine weniger umfangreiche Liste verständigt.

Anforderungsbereich I

Operatoren	Definitionen
• nennen • benennen	ausgewählte Elemente, Aspekte, Merkmale, Begriffe, Personen etc. unkommentiert angeben
• skizzieren	einen bekannten oder erkannten Sachverhalt oder Gedankengang in seinen Grundzügen ausdrücken
• formulieren • darstellen • aufzeigen	den Gedankengang oder die Hauptaussage eines Textes oder einer Position mit eigenen Worten darlegen
• wiedergeben	einen bekannten oder erkannten Sachverhalt oder den Inhalt eines Textes unter Verwendung der Fachsprache mit eigenen Worten ausdrücken
• beschreiben	die Merkmale eines Bildes oder eines anderen Materials mit Worten in Einzelheiten schildern
• zusammenfassen	die Kernaussagen eines Textes komprimiert und strukturiert darlegen

Anforderungsbereich II

Operatoren	Definitionen
• einordnen • zuordnen	einen bekannten oder erkannten Sachverhalt in einen neuen oder anderen Zusammenhang stellen oder die Position eines Verfassers bezüglich einer bestimmten Religion, Konfession, Denkrichtung etc. unter Verweis auf Textstellen und in Verbindung mit Vorwissen bestimmen
• anwenden	einen bekannten Sachverhalt oder eine bekannte Methode auf etwas Neues beziehen
• belegen • nachweisen	Aussagen durch Textstellen oder bekannte Sachverhalte stützen
• begründen	Aussagen durch Argumente stützen
• erläutern • erklären • entfalten	einen Sachverhalt, eine These etc. ggf. mit zusätzlichen Informationen und Beispielen nachvollziehbar veranschaulichen
• herausarbeiten	aus Aussagen eines Textes einen Sachverhalt oder eine Position erkennen und darstellen

Operatoren	Definitionen
• vergleichen	nach vorgegebenen oder selbst gewählten Gesichtspunkten Gemeinsamkeiten, Ähnlichkeiten und Unterschiede ermitteln und darstellen
• analysieren • untersuchen	unter gezielter Fragestellung Elemente, Strukturmerkmale und Zusammenhänge systematisch erschließen und darstellen
• in Beziehung setzen	Zusammenhänge unter vorgegebenen oder selbst gewählten Gesichtspunkten begründet herstellen

Anforderungsbereich III

Operatoren	Definitionen
• sich auseinandersetzen mit	ein begründetes eigenes Urteil zu einer Position oder einem dargestellten Sachverhalt entwickeln
• beurteilen • bewerten • Stellung nehmen • einen begründeten Standpunkt einnehmen	zu einem Sachverhalt unter Verwendung von Fachwissen und Fachmethoden sich begründet positionieren (Sach- bzw. Werturteil)
• erörtern	die Vielschichtigkeit eines Beurteilungsproblems erkennen und darstellen, dazu Thesen erfassen bzw. aufstellen, Argumente formulieren, nachvollziehbare Zusammenhänge herstellen und dabei eine begründete Schlussfolgerung erarbeiten (dialektische Erörterung)
• prüfen • überprüfen	eine Meinung, Aussage, These, Argumentation nachvollziehen, kritisch befragen und auf der Grundlage erworbener Fachkenntnisse begründet beurteilen
• interpretieren	einen Text oder ein anderes Material (z. B. Bild, Karikatur, Tondokument, Film) sachgemäß analysieren und auf der Basis methodisch reflektierten Deutens zu einer schlüssigen Gesamtauslegung gelangen
• gestalten • entwerfen	sich textbezogen mit einer Fragestellung kreativ auseinandersetzen
• Stellung nehmen aus der Sicht von … • eine Erwiderung formulieren aus der Sicht von …	eine unbekannte Position, Argumentation oder Theorie aus der Perspektive einer bekannten Position beleuchten oder infrage stellen und ein begründetes Urteil abgeben
• Konsequenzen aufzeigen • Perspektiven entwickeln	Schlussfolgerungen ziehen; Perspektiven, Modelle, Handlungsmöglichkeiten, Konzepte u. a. entfalten

Literaturverzeichnis

6: Stier, Fridolin: Vielleicht ist irgendwo Tag, Freiburg 1981, S. 20; hier aus: rhs 6/2005, S. 346.

6: Fries, Heinrich: Fundamentaltheologie, 2. unveränderte Auflage, Graz Wien Köln 1985, S. 188.

7: Anselm von Canterbury: Proslogion, Kap.2, in: Lat.-Dtsch. Ausgabe von P. Franciscus Salerius Schmitt OSB, Abtei Wimpfen, Verlag Fromman, Stuttgart 1962.

7: Kliemann, Peter: Glauben ist menschlich. Argumente für die Torheit vom gekreuzigten Gott, Stuttgart, 15. Auflage, 2011, S. 15 f.

8 f.: Keul, Hildegard: Wenn Frauen Gott zur Sprache bringen. Die Notwendigkeit weiblicher Metaphern für eine neue Rede von Gott, in: Katechetische Blätter 3/2000, S. 171–176, hier: S. 174 f.

10: Gotteslob Lied Nr. 489, Melodie: Straßburg/Genf, Musik Jahr: 1539/1542

10: Ahrends, Theodor: Gott – nur eine Theorie?, in: rhs (Religionsunterricht an höheren Schulen) 3/2011, S. 106.

11: Berger, Klaus: Jesus, München 2007, S. 134–136.

18: Halbfas, Hubertus: Die Bibel, Patmos, 5. Auflage 2007, S. 48.

18: Halbfas, Hubertus: Die Bibel, Patmos, 5. Auflage 2007, S. 51.

20: Zenger, Erich u. a.: Einleitung in das Alte Testament, 4. Auflage, Stuttgart 2001, S. 70.

21: Halbfas, Hubertus: Die Bibel, Patmos, 5. Auflage 2007, S. 102.

21: Kliemann, Peter: Glauben ist menschlich. Argumente für die Torheit vom gekreuzigten Gott, Stuttgart, 15. Auflage, 2011, S. 76.

21: Fries, Heinrich: Fundamentaltheologie, 2. unveränderte Auflage, Graz Wien Köln 1985, S. 239.

26: Zenger, Erich: Der Gott der Bibel, Stuttgart 1992, S. 76 und 78.

28: Lohfink, Gerhard: Braucht Gott die Kirche? Zur Theologie des Volkes Gottes, 4. Auflage, Freiburg im Breisgau Basel Wien 1999, S. 103 f.

29: Zenger, Erich: Der Gott der Bibel, Stuttgart 1992, S. 13.

30: Mertin, Andreas: Bob Marley and the Wailers: Keep on moving, Rubrik: Clip-Hits, in: Katechetische Blätter 1/2001, S. 48 f.

31: Einheitsübersetzung der Bibel; Auszug aus dem Vorwort zu den Psalmen. Verlag Katholisches Bibelwerk GmbH, Stuttgart.

34: Fries, Heinrich: Fundamentaltheologie, 2. unveränderte Auflage, Graz Wien Köln 1985, S. 265.

34 f.: Berger, Klaus: Jesus, München 2007, S. 618–619.

36: Hieke, Thomas: Gott bin ich, nicht ein Mensch (Hos 11,9). Die metaphorische Rede von Gott in Hosea 11, in: rhs 5/2010, S. 245–251, hier S. 250.

36: Benk, Andreas und Martin Weyer-Menkhoff (Hrsg.): Gesucht: Glaubwürdige Gottesrede. Fundorte vor unserer Haustür, Patmos, Ostfildern 2012, S. 22 f.

38: Meesmann, Hartmut: Die dunkle Seite Gottes. Ist Gott brutal? Über die Sünde und die Vertreibung des Menschen aus der paradiesischen Existenz. Fragen an Karl-Josef Kuschel, in: Publik-Forum. Zeitung kritischer Christen, Nr. 22, 18. November 2005, S. 34–36, hier: S. 36.

39 f.: Miggelbrink, Ralf: Die Welt in die Krise treiben. Das biblische Zeugnis vom Gotteszorn darf nicht verschwiegen werden, in: Zeitzeichen. Evangelische Kommentare zu Religion und Gesellschaft, 3 (2002), Heft V, S. 49–51 (in Auszügen).

44: Kessler, Hans: Gott und das Leid seiner Schöpfung. Nachdenkliches zur Theodizeefrage, Würzburg 2000, S. 9–11.

44: aus: Meppener Tagespost (Tageszeitung aus dem Landkreis Emsland, Niedersachsen) vom 18.02.2012, Rubrik: Moment Mal.

45: Berger, Klaus: Wie kann Gott Leid und Katastrophen zulassen?, Stuttgart 1996, S. 193 f.

45 f.: Kreiner, Armin: Gott und das Leid, 5. Auflage, Paderborn 2005, S. 76 ff.

46: Kessler, Hans: Gott und das Leid seiner Schöpfung. Nachdenkliches zur Theodizeefrage, Würzburg 2000, S. 32 ff. (gekürzt).

46 f.: Kessler, Hans: Gott und das Leid seiner Schöpfung. Nachdenkliches zur Theodizeefrage, Würzburg 2000, S. 39 f.

47: Kessler, Hans: Das Leid in der Welt – ein Schrei nach Gott, Würzburg 2007, S. 31.

47: Wehrle, Josef: Der leidende Mensch und der mitleidende Gott. Ein Beitrag zur Anthropologie und Theologie des Alten Testaments, Berlin 2012, S. 184.

48: Küng, Hans: Credo. Das Apostolische Glaubensbekenntnis – Zeitgenossen erklärt, 3. Auflage München 1992, S. 124 ff.

48 f.: Yardim, Nigar: Das Leid im Islam, in: Katechetische Blätter 4/96, S. 279.

49: Fiedler, Peter: Das Leid im Judentum, in: Katechetische Blätter 4/96, S. 227.

51: Wehrle, Josef: Der leidende Mensch und der mitleidende Gott. Ein Beitrag zur Anthropologie und Theologie des Alten Testaments, Berlin 2012, S. 31 f.

53: Schwienhorst-Schönberger, Ludger: Zwischen Demut und Rebellion: Der Ijob der Bibel, in rhs: Religion an höheren Schulen, 5/2007, S. 270–275, hier: S. 272.

55: Lux, Rüdiger: Hiob. Im Räderwerk des Bösen, Leipzig 2012, S. 232 f.

55 f.: Schwienhorst-Schönberger, Ludger: Zwischen Demut und Rebellion: Der Ijob der Bibel, in rhs: Religion an höheren Schulen, 5/2007, S. 270–275, hier: S. 273.

56: Werbick, Jürgen: Vater unser. Theologische Meditationen zur Einführung ins Christsein, Freiburg im Breisgau 2011, S. 188.

56: aus: Schmid, Konrad: Hiob als biblisches und antikes Buch. Historische und intellektuelle Kontexte seiner Theologie, Stuttgart 2010, S. 80.

56: Wehrle, Josef: Der leidende Mensch und der mitleidende Gott. Ein Beitrag zur Anthropologie und Theologie des Alten Testaments, Berlin 2012, S. 197.

57: Kreiner, Armin: Gott und das Leid, 5. Auflage, Paderborn 2005, S. 50, 52–54 (in Auszügen).

58 f.: Kessler, Hans: Das Leid in der Welt – ein Schrei nach Gott, Würzburg 2007, S. 99–105 (in Auszügen).

59 f.: Kessler, Hans: Das Leid in der Welt – ein Schrei nach Gott, Würzburg 2007, S. 108 ff.

61: Kliemann, Peter: Glauben ist menschlich. Argumente für die Torheit vom gekreuzigten Gott, Stuttgart 15. Auflage, 2011, S. 24 f.

62: Fastenrath, H.: Religionskritik. Ein Abriss atheistischer Grundpositionen: Feuerbach, Marx, Nietzsche, Sartre, Kurswissen Religion, Leipzig: Klett 1994 u. ö., S. 30.

64: Peter Kliemann: Glauben ist menschlich. Argumente für die Torheit vom gekreuzigten Gott, Stuttgart 15. Auflage, S. 27 ff.

64: Hans Küng: Credo. Das Apostolische Glaubensbekenntnis – Zeitgenossen erklärt, 3. Auflage München 1992, S. 23 f.

65: Fastenrath, H.: Religionskritik. Ein Abriss atheistischer Grundpositionen: Feuerbach, Marx, Nietzsche, Sartre, Kurswissen Religion, Leipzig: Klett 1994 u. ö., S. 151.

65 f.: Zusammenschnitt aus: Sigmund Freud: Gesammelte Werke VIII, S. 127 ff. und Gesammelte Werke XIV.

67: Sind Gläubige gesünder?, aus: Moser, Tilmann: Von der Gottesvergiftung zu einem erträglichen Gott. Psychoanalytische Überlegungen zur Religion, Stuttgart 2003, S. 75 ff.

67: Küng, Hans: Credo. Das Apostolische Glaubensbekenntnis – Zeitgenossen erklärt, 3. Auflage München 1992, S. 25 f.

67 f.: Weger, Karl-Heinz: Religionskritik von der Aufklärung bis zur Gegenwart. Autorenlexikon von Adorno bis Wittgenstein, Herder Bücherei 716, Freiburg 1979, S. 115 f. (Freud)

68: Moser, Tilmann: Von der Gottesvergiftung zu einem erträglichen Gott. Psychoanalytische Überlegungen zur Religion, Stuttgart 2003, S. 20 f.

69: Störig, Hans Joachim: Weltgeschichte der Philosophie, Stuttgart, ohne Jahr, S. 529–533 (in Auszügen).

70: Friedrich Nietzsche, Sämtliche Werke, Kritische Studienausgabe Band 3, hg. von G. Colli und M. Montinari, München 1980, S. 480 ff.

70 f.: Kliemann, Peter: Glauben ist menschlich. Argumente für die Torheit vom gekreuzigten Gott, Stuttgart 15. Auflage, S. 35–37.

71 f.: Zahrnt, Heinz: Glauben unter leerem Himmel. Ein Lebensbuch, München 2002, S. 31–36 (in Auszügen).

72: Kühnen, Klaus: „Gott – nur im Kopf?" – Unterwegs mit dem Atheistenbus, in rhs 2/2010, S. 92.

72 f.: Kliemann, Peter: Glauben ist menschlich. Argumente für die Torheit vom gekreuzigten Gott, Stuttgart 15. Auflage, S. 37–39.

73: Küng, Hans: Credo. Das Apostolische Glaubensbekenntnis – Zeitgenossen erklärt, 3. Auflage München 1992, S. 26 f.

Die Bibelstellen sind nach der Einheitsübersetzung wiedergegeben.

Liedquellenverzeichnis

8: Waldspaziergang mit Folgen
Text: Urlaub, Farin
© PMS Musikverlag GmbH, Berlin

12: I will follow him
Text, englisch: Gimbel, Norman/Altmann, Arthur
© Editions Jacques Plante
Edition Montana Musikverlag GmbH & Co.KG, München

12: Führ mich ans Licht
Text: Herberger, Michael/Naidoo, Xavier
© Hanseatic Musikverlag GmbH & Co. KG, Hamburg

30: Keep on Moving
Text, OT: Bellers-Smith, Sean/Butler, Gavin Mark/Davies, James Richard/Davies, Matthew Christopher/Lawrence, Gareth Kevin/Lewis, David Rhys/Perry, Jason Keith
© Distiller Publ. LLP / Warner/Chappell Music Publ. Ltd.
Neue Welt Musikverlag GmbH, Hamburg
Kobalt Music Publishing Ltd., London

50: Lieber Gott
Text: Palm, Philipp/Biscan, Daniel
© EMI Music Publishing (Gemany GmbH), Hamburg
SMV Schacht Musikverlag GmbH, Hamburg
Arabella Musikverlag GmbH, Berlin

Bildquellenverzeichnis

Cover.oben Fotolia.com (Robert Kneschke), New York; **Cover.unten links** Fotolia.com (gradt), New York; **Cover.unten Mitte** Fotolia.com (Gerhard Seybert), New York; **Cover.unten rechts** Fotolia.com (Victor Soares), New York; **4.1, 4.2, 4.3** BPK (Scala), Berlin; **5.1** Artothek, Weilheim; **5.2** Artothek (U. Edelmann – Städel Museum), Weilheim; **6.1** Fotolia.com (Petr Vaclavek), New York; **6.2** akg-images, Berlin; **7** BPK, Berlin; **8.1** Fotolia.com (Fabio Balzaretti), New York; **8.2** Fotolia.com (by-studio), New York; **9** Ullstein Bild GmbH (The Granger Collection), Berlin; **10.1** Bayerisches Nationalmuseum, München; **10.2** Stiftung Bürgerspital zum Hl. Geist Würzburg, Würzburg; **13** Artothek, Weilheim; **15** Ullstein Bild GmbH (Archiv Gerstenberg), Berlin; **16** Artothek (Peter Willi), Weilheim; **17** © Sieger Köder, Schöpfung; **19** akg-images, Berlin; **20** © Sieger Köder, Der brennende Dornbusch; **24** © Sieger Köder, Mirjam; **25.1** Fotolia.com (Michael Rosskothen), New York; **25.2** Artothek (Christie's Images Ltd), Weilheim; **26** Axel Springer AG, Berlin; **27** Artothek, Weilheim; **28** Ullstein Bild GmbH (Heritage Images/CM Dixon), Berlin; **29.1** Ullstein Bild GmbH (Geomedia), Berlin; **29.2** Ullstein Bild GmbH (Granger Collection), Berlin; **29.3** Ullstein Bild GmbH (Heritage Images/The Print Collector), Berlin; **30.1** Ullstein Bild GmbH (IT), Berlin; **30.2** Fotolia.com (Dusan Zidar), New York; **32** Ullstein Bild GmbH (TopFoto), Berlin; **33.1** akg-images, Berlin; **33.2** Fotolia.com (Harald Lange), New York; **35** akg-images, Berlin. © VG Bild-Kunst, Bonn 2012 [Marc Chagall: Die gelbe Kreuzigung]; **36** Fotolia.com (teracreonte), New York; **38** Artothek (Peter Willi), Weilheim; **40** Fotolia.com (tm-photo), New York; **41.1** Ullstein Bild GmbH (ecopix), Berlin; **41.2** Ullstein Bild GmbH (Reuters/ISMAIL TAXTA), Berlin; **41.3** Fotolia.com (Chepko Danil), New York; **41.4** Ullstein Bild GmbH (AP), Berlin; **42.1** Fotolia.com (Stefan Lochmann), New York; **42.2** Fotolia.com (LianeM), New York; **42.3** Fotolia.com (FotoLyriX), New York; **42.4** Fotolia.com (coehm), New York; **42.5** Fotolia.com (makuba), New York; **42.6** Fotolia.com (Alex Kalmbach), New York; **42.7** Ullstein Bild GmbH (Gawrisch), Berlin; **43** Fotolia.com (Slavomir Valigursky), New York; **44** Ullstein Bild GmbH (Albert Foss), Berlin; **47** Artothek (Wilfried Bahnmüller), Weilheim; **49.1** Ullstein Bild GmbH (Reuters/AMR ABDALLAH DALSH), Berlin; **49.2** Ullstein Bild GmbH (Giribas), Berlin; **51** Fotolia.com (Clarini), New York; **53** BPK, Berlin; **61** Fotolia.com (kbuntu), New York; **62.1** Ullstein Bild GmbH (Süddeutsche Zeitung Photo/Scherl), Berlin; **62.2** Thinkstock (Photodisc), München; **63** Artothek (Joseph S. Martin), Weilheim; **65** Ullstein Bild GmbH (Sigmund Freud Copyrights), Berlin; **66** Getty Images (Leon Neal/AFP), München; **69** Ullstein Bild GmbH, Berlin; **70** Fotolia.com (Marianne Mayer), New York; **72** Ullstein Bild GmbH (Meißner), Berlin; **73** Fotolia.com (L.Klauser), New York

Sollte es in einem Einzelfall nicht gelungen sein, den korrekten Rechteinhaber ausfindig zu machen, so werden berechtigte Ansprüche selbstverständlich im Rahmen der üblichen Regelungen abgegolten.